MODERN HUMANITIES RESEARCH ASSOCIATION
CRITICAL TEXTS
VOLUME 64

FRANCISCO NIEVA: *CORONADA Y EL TORO*

MODERN HUMANITIES RESEARCH ASSOCIATION
CRITICAL TEXTS

The MHRA Critical Texts series aims to provide affordable critical editions of lesser-known literary texts that are out of copyright or are not currently in print (or are difficult to obtain). The texts are taken from the following languages: English, French, German, Italian, Portuguese, Russian, and Spanish. Titles are selected by members of the distinguished Editorial Board and edited by leading academics. The aim is to produce scholarly editions rather than teaching texts, but the potential for crossover to undergraduate reading lists is recognized.

Editorial Board
Chair: Professor Katherine Astbury (University of Warwick)
English: Dr Stefano Evangelista (University of Oxford)
French: Professor Katherine Astbury (University of Warwick))
Germanic: Professor Ritchie Robertson (University of Oxford)
Hispanic: Professor Ben Bollig (University of Oxford)
Italian: Professor Jane Everson (Royal Holloway, University of London)
Portuguese: Professor Stephen Parkinson (University of Oxford)
Slavonic: Professor David Gillespie (University of Bath)

texts.mhra.org.uk

Francisco Nieva:
Coronada y el toro

Revised Edition

Edited by Komla Aggor

Modern Humanities Research Association
Critical Texts 64
2021

Published by

*The Modern Humanities Research Association
Salisbury House
Station Road
Cambridge CB1 2LA
United Kingdom*

© Modern Humanities Research Association 2021

Komla Aggor has asserted his right under the Copyright, Designs and Patents Act 1988 to be identified as the author of this work. Parts of this work may be reproduced as permitted under legal provisions for fair dealing (or fair use) for the purposes of research, private study, criticism, or review, or when a relevant collective licensing agreement is in place. All other reproduction requires the written permission of the copyright holder who may be contacted at rights@mhra.org.uk.

*First edition, 2020
Revised Edition, 2021*

ISBN 978-1-83954-131-5

CONTENTS

Acknowledgements		vii
List of Illustrations		viii
List of Abbreviations		viii
Introduction		1
1	Nieva in context	1
2	A poetic dramaturgy	13
3	*Coronada y el toro*	21
	I Sources	21
	II Stage performance	23
	III Analysis of the play	26
4	This edition and others	45
Coronada y el toro Text		47
Bibliography		94

DEDICATION

To all who pursue the cause of justice

ACKNOWLEDGEMENTS

I first met Francisco Nieva in November 1998, not in his picturesque, museum-like home on Concepción Jerónima, but, rather, at the most unexpected of venues, in room 389 of the Clínica la Moncloa, located near the Puente de los Franceses in Madrid. Don Francisco had been admitted a few days earlier for an infection he sustained from a scratch from Rayillo, his famous cat. That visit was the result of my decision to lay aside my interests in Spanish poetry and instead concentrate on my newly discovered research area, Nieva's dramaturgy. To ensure, however, that he would grant me an interview readily, I was determined to publish a study of Nieva's work before contacting him. As it turned out, my plan worked perfectly, for the article I sent him (on his play *Nosferatu*) caught his attention. Indeed, besides his partner José Pedreira, I was the only guest allowed to pay the playwright a visit at the hospital. That interview, which the theatre scholar and translator Phyllis Zatlin had facilitated, defined my relationship with Francisco Nieva and left an intellectual imprint that continues to nourish the course of my contributions to the study of Spanish theatre.

There are few plays I have enjoyed more than *Coronada y el toro*. It is truly well composed, full of humour, and thematically compelling. From the moment I first read the piece, I dreamed of producing my own edition and seeing the play staged under my direction or collaboration of some sort. Thanks to the MHRA, that dream is about to come true.

I owe many thanks to several persons and institutions that contributed in special ways toward the making of this book. A research fund granted by TCU's AddRan College of Liberal Arts afforded me time to define this project in its early stages and to carry out pertinent research in Spain. I am grateful to Don Francisco Nieva for his friendship and for granting me permission to edit his masterpiece. José Pedreira made available Nieva's drawings and offered useful suggestions for explicating Nieva's complex text. Berta Muñoz of Madrid's Centro de Documentación Teatral (CDT) gave me access to the photographs of *Coronada*'s stage productions. José Ramón Fernández Domínguez and Pedro Ocaña Triguero of the CDT, as well as Plácido Rodríguez, editor of Caos Editorial, helped me to access various versions of the *Coronada* text. Finally, thanks are due to the MHRA editorial staff, especially production editor Gerard Lowe for the patience and efficiency with which he handled the editorial and publication process.

K.A., May 2020

LIST OF ILLUSTRATIONS

Figure 1 Francisco Nieva, 'Teatro Furioso' p. 15
Figure 2 Performance of *Coronada y el toro* p. 58
Figure 3 Drawing by Francisco Nieva p. 71
Figure 4 Performance of *Coronada y el toro* p. 83

ABBREVIATIONS

CC	*La carroza de plomo candente. Coronada y el toro*, ed. Andrés Amorós, 1986
CE	*Coronada y el toro*, Caos Editorial, 2002
DC	'Coronada and the Bull', ed. Marion P. Holt, 1985
DRAE	Dictionary of the Spanish Royal Academy of Language
LB	*Coronada y el toro* (Libretto), 1982
OC	F. Nieva, *Obra Completa*, 2007
PP	*Coronada y el toro*, in *Pipirijaina*, 1974
TC	F. Nieva, *Teatro Completo*, 1991
TF	*Teatro Furioso*, ed. M. Pérez Coterillo, 1975

INTRODUCTION

Nieva in context

Francisco Morales Nieva was born on 29 December 1924 in Valdepeñas, in the Ciudad Real province of Spain, and died on 10 November 2016 in Madrid. Well before he became known as a playwright and director, he had gained a reputation as an established painter and scenic designer. A member of the Spanish Royal Academy of Language and the first dramatist to receive the Príncipe de Asturias de las Letras Prize (generally considered the Hispanic version of the Nobel Prize in Literature), Nieva was well-versed in literary theory and the core ideas of the humanities in general. In life and in art, he displayed a penchant for collapsing borders and dichotomies, striking examples being his bisexual orientation and his durable service as a regular columnist for both the liberal *El País* and the relatively conservative *ABC* newspapers. In a 1998 interview, when asked about his feelings regarding his nationality, Nieva's answer — very much in line with *Postist* thought — was 'No me considero español. Me considero ciudadano del mundo.'[1] The distinguished critic Carlos Bousoño (1990) commended him many years ago as one of the few examples of the universal artist of the twentieth century (cf. Bravo 1986: 57). Francisco Umbral later dubbed him the Castilian Marquis de Sade, as the only genuine Spanish writer in half a century to pay a legitimate tribute to the French surrealist (1989: 4), and more recently Gema Pajares of the Madrid daily *La Razón* crowned him as a legend of the twentieth and twenty-first centuries both within and outside of Spain (Nieva 2013: n.p.).[2]

Nieva was only fifteen when he began writing plays, and he went on to produce a total of eighty-one (many of them short pieces), along with sixty-nine short stories and six novels. Today, most of his major plays have been staged, but not without painstaking effort on his part. From 1949, when he wrote his first major work, *Malditas sean Coronada y sus hijas*, it took him twenty-two years to gain recognition in Spain as a dramatist; that was when the leading Spanish theatre journal *Primer Acto* published his drama *Es bueno no tener cabeza*

---

[1] Unpublished recorded interview by Komla Aggor, Madrid, 26 November 1998.
[2] In this portrait of Francisco Nieva, I pay primary attention to the historical context of his theatre career, within which his dramaturgy evolved. For a thorough account of his life experiences, see his memoirs, *Las cosas como fueron* (2002c). The most complete chronology of Nieva's life can be found in Juan Francisco Peña's *Francisco Nieva: un teatro en libertad* (2016), an updated compendium based on the original information Peña had published in his 2007 edition of Nieva's complete works. For an up-to-date list of Nieva's literary works, visit his website, francisconieva.com, which Peña also manages.

(1966).³ None of his plays reached the commercial stage until twenty-seven years later, when *Sombra y quimera de Larra* (1976) was staged at the María Guerrero Theatre in Madrid. That was on 4 March 1976, barely four months after General Francisco Franco's death.

The Franco dictatorship, which lasted for thirty-six years (1939–1975), created a censorship program that was inconsistent in its assessment of materials for publication or performance. Inconsistency notwithstanding, the censors' obsessive scrutiny and intolerance curbed innovation in Spanish theatrical culture, at a time when European theatre overall was making significant advances in stage experimentation.⁴ In an essay titled 'Continuity and Innovation in Spanish Theatre, 1900–1936' (2012), Dru Dougherty and Andrew A. Anderson demonstrate that the period immediately preceding the Civil War was marked by a thriving theatrical industry and the enduring resilience of popular authors, and resistance to experimentation was challenged by a small, well-informed, intellectual community. Most remarkable in the progress being made, these critics note, were the emergence of the theatrical director, an increasing competition between theatre and cinema, and what they refer to as 'the intermittent and fringe presence of brilliant avant-garde works on the Spanish stage' (2012: 308). The war and the severity of the subsequent Francoist censorship machinery would put an end to such developments.⁵

Even before Franco came to power in 1939, the Reglamento de Espectáculos Públicos, a law on public performances and shows, had been promulgated in May 1935. While reasonable on such matters as safety precautions, this law, which consisted of 228 articles, went to great lengths in controlling what practitioners could or could not do. Consider Article 95:

> Los actores que tomen parte en el espectáculo no podrán dirigirse al público en ningún caso, y sólo la Empresa o su representante serán los únicos autorizados para dar explicación sobre cualquier incidente que ocurra durante la representación, salvo los casos en que lo verifiquen en nombre de la Empresa o su representante, y siempre con anuencia del Delegado de la Autoridad.

Then came the Press Decree of 1938, which was issued in the heat of the Civil

---

³ The date that appears after the titles of Nieva's plays refers to the year in which he wrote each play. When two dates are given (e.g. 1976/1980), the second refers to the year of the work's completion.

⁴ The general deplorable state of the Spanish theatre during Franco's dictatorship and its aftermath has been widely documented by theatre historians (see, for example, Juan Ignacio Ferreras (1988), José García Templado (1992), and Francisco Ruiz Ramón (1995)).

⁵ Maria M. Delgado locates the rise of the director as a major figure in the Spanish theatrical landscape within the period 1965–1982, when a generation of directors built on the aesthetic foundations established by José Luis Alonso, the scenographic innovations pioneered by Fabià Puigserver and Iago Pericot, and the bold conceptual aesthetic of Argentine *auteur* Víctor García (1934–82) (Delgado 2012: 443).

War, granting total authority to the ministry charged with the National Press Services to censure and punish all journalists and writers who challenged the regime or showed signs of disagreement with its ideology (Cramsie 1984). In a 1953 Concordat signed with the Vatican, General Franco officially joined the apparatus of church and state and attracted the church's support by making the regime's laws consistent with Catholic dogma.

John London calls attention to José Manuel Vivanco's *Moral y pedagogía del cine* (1952), an important document with severe implications for the Spanish theatre, in which Vivanco articulates his opposition to any expressions of 'overt sexuality, obscenity, anti-clericalism, and anything deemed unpatriotic' (London 1997: 13). Relying on Antonio Beneyto's findings, London cites a ridiculous case where the censors once removed the adverb from José María Pemán's stage direction: 'Se besan apasionadamente' (1997: 14). London goes on to offer an overview of the laughable colour and number classification codes employed by the censors to regulate theatregoing, and maintains that there were instances of press censorship in which actors considered unsympathetic to the Franco regime could not be praised (1997: 9–16). In response to the need to open up the country for external economic benefits, the Franco government relaxed the censorship laws in 1966, replacing the Press Law of 1938 with the Fraga Law, which was named after the Minister of Information, Manuel Fraga. Like the 1945 Fuero de los Españoles ('Spanish Charter'), however, this liberal declaration of rights did not correspond with the realities on the ground. Yes, the new law stated that censorship was to be abolished, but it also required that copies of all newspapers should be handed over to the authorities half an hour before distribution and that the dailies could be seized by the authorities. Even worse, there was no clear definition of what constituted violation of the law and new penal codes were introduced, making journalism and the performing arts in particular uncertain and risky enterprises.

During the postwar period, many Spanish playwrights were left to contend with very limited choices: they either had to write in accordance with censorship regulations (e.g. Buero Vallejo or Alejandro Casona after living in exile) or write defiantly and be censored (e.g. Alfonso Sastre). If they rejected both of these options, they either had to go into exile (e.g. Fernando Arrabal, Max Aub) or were compelled to write in secret (Jerónimo López Mozo, José Ruibal, José Martínez Ballesteros, Luis Riaza, among others). What did prevail in Madrid's theatrical performances was the *astracanada*, an escapist drama that was the mainstay of Adolfo Torrado. At the same time, the aesthetic innovations of Ramón María del Valle-Inclán and Federico García Lorca were to a large extent eclipsed during and after the war by the well-produced plays of bourgeois taste popularized by José Echegaray, the Álvarez Quintero brothers (Serafín and Joaquín), Pedro Muñoz Seca, and especially Jacinto Benavente. Of particular importance was the surge of (mainly rightist) ideological drama by writers such as Sotero Otero del Pozo (e.g. *España inmortal*, staged in 1936), José Giménez Arnau (e.g. *Murió hace quince años*, staged in 1953), Juan Ignacio Luca de Tena (e.g. *El cóndor sin alas* (1951)), and Benavente (*Aves y pájaros*, staged in 1940). This evasive and politicized theatre environment was generated mainly in response to the kind of biased cultural agenda pursued by the Franco regime, particularly through its censorship apparatus.

Ample evidence shows that the system in Spain was largely antagonistic to the innovative or progressive tendencies that were taking hold across Western Europe at the time. For example, John London (1997) has documented methodically the critical and translation obstacles faced by several Spanish productions of foreign plays between 1939 and 1963, including Sartre's *No Exit*, Ionesco's *The Lesson*, *The Bald Soprano*, *The Chairs*, and *Rhinoceros*, as well as Beckett's *Waiting for Godot*. He reports that, apart from *Rhinoceros*, all Ionesco productions in Spanish during the period in question were limited to one- or, rarely, two-night sessions. On the whole, theatre critics subjected these works to over-editing in translation and to heavy misinterpretation and condemnation, if not outright rejection. Besides the names mentioned above, as London points out, other figures of the avant-garde were all but absent in Spain until the 1960s (1997: 115–40).[6]

Despite the overall setback suffered by the arts in general under Francoist censorship, one should not overlook the qualitative consistencies that characterized a certain dimension of the theatre during the period. In his appraisal of the theatre during the war period itself (1936–1939), Jim McCarthy underscores the significance of two stage productions of the Teatro de Arte y Propaganda at the Teatro de la Zarzuela. These were the Soviet drama *La tragedia optimista* and Rafael Alberti's version of Cervantes's *Numancia*. The director of these works, María Teresa León, brought to the Spanish stage what McCarthy refers to as her experience of Soviet experimentation 'in cutting-edge productions' (2012: 316). Indeed, in assessing the true state of the Spanish theatre, Maria M. Delgado has called on theatre critics to move beyond playwrights and play texts and pay attention to the full range of practitioners involved in upholding the theatrical culture — directors, designers, performers, and producers. Delgado's 2003 study *'Other' Spanish Theatres* is an accomplished demonstration of this approach. Delgado highlights the emerging importance of the director (vis-à-vis the playwright), the appearance of institutes for theatre

---

[6] For more recent research on theatre censorship in Spain, see Michael Thompson's studies, especially 2012a, 2012b, and 2018. A useful source of information on theatre censorship across various countries is *Global Insights on Theatre Censorship* (cf. O'Leary et al. 2016). The essays in this volume cover theatre censorship in several countries, including Spain, Brazil, Britain, (East) Germany, Iran, Ireland, Nepal, Poland, Portugal, the USA, and Zimbabwe.

training in the late 1950s and 1960s, and the introduction of innovative forms of stage practice. The study further brings into focus the production of defiant, ambitious works within the censorship regulations, as well as the contributions to Spanish stage design of 'visionaries' such as Iago Pericot (1929–2018), Farbià Puigserver (1938–1991), Marià Andreu (1888–1976), and Antoni Clavé (1913–2005). Delgado also underscores the theatrical design work of several Spanish painters and the internationalism of influential directors such as Luís Pasqual, Margarita Xirgu, José Luis Alonso, and Enrique Rambal. 'Even the directors and designers who have often been associated with the supposedly retrograde "endorsed" theatre of the Franco era, like Cayetano Luca de Tena and Luis Escobar', affirms Delgado, 'followed Xirgu's example in considering practices outside Spain in their promotion of more advanced vocabularies of theatre' (2003: 278).

With respect to the prevalent Spanish taste for conventional or realist theatre, North American theatre scholar Phyllis Zatlin reports that, even without official censorship, play selection would have been guided by audience preference for light entertainment, since Spaniards wanted to forget the war's devastation, while the regime in power sought reaffirmation of Spanish history and values via entertainment. 'One may deplore the intellectual content of works staged through the mid-1940s', asserts Zatlin, 'but one should not be surprised by it' (1999: 223). Unsurprisingly, then, not even the creation in 1984 of a National Centre for New Tendencies of the Stage did much to interest Spanish audiences in non-traditional theatre (1999: 229).

Prior to the publication of Delgado's study, Víctor García Ruiz had noted certain aesthetic continuities between the theatre of the 1920s and 1930s, on the one hand, and the theatrical tendencies of the post-Civil War period, on the other. In *Continuidad y ruptura en el teatro español de la posguerra*, García Ruiz isolates three areas in which this legacy is most evident. First is stage direction, guided by practitioners such as Felipe Lluch, Luca de Tena, Luis Escobar, José Tamayo, and José Luis Alonso, all Lorca specialists whose ideas about theatre and acting were firmly entrenched in the doctrine of La Barraca and of Cipriano Rivas Cherif's Teatro Escuela de Arte. According to García Ruiz, until the 1960s, when Miguel Narros and Nieva emerged on the theatrical scene, it was the good enterprise of these directors to serve audiences and develop the dramatic work that inspired decades of theatrical production in Spain. The second legacy of the 1920s and 1930s, García Ruiz goes on, was a non-realistic tradition of set design popularized by Spanish national theatres that took hold of the scene until 1970. This 'avant-garde' tradition (Andrés Peláez's term) was sustained by several designers and painters, including Rafael Barradas, Sigfrido Burmann, Manuel Fontanals, Víctor Cortezo, Emilio Burgos, and José Caballero, to mention just a few. A third legacy, a 'popular' theatrical culture, even received the support of the Franco regime, with enormous repercussions in the 1960s. The initiative, undertaken by Enrique de la Hoz in 1962, aimed to make the theatre more accessible to the rural regions of Spain by means of theatre festivals as an autonomous institution (García Ruiz 1999: 147–52). Above all, insists García Ruiz, José Ortega y Gasset played a major role during the period in establishing the grounds for Spanish avant-garde theatre in general and poetic drama specifically, as his aesthetic of escapism and play became the guiding principles of many a playwright from the 1920s on. Nevertheless, even García Ruiz concedes that the so-called 'idealist theatre' never prospered, but expressed itself more as a desire, perhaps an experiment, on the part of a few (1999: 68).

García Ruiz's contributions set the stage for a 2012 essay by John London titled 'Theatre under Franco (1939–1975)', in which he notes that, during the censorship period, there were as many generational continuities as there were novelties in the Spanish theatre. He cites the innovations of several playwrights: the eccentric style of Jardiel Poncela (1901–1952) and Miguel Mihura (1905–1977), the anti-realist theatre of Edgar Neville (1899–1967), the domestic humour of José López Rubio (1903–1996), the visual-intense historical theatre of Antonio Buero Vallejo (1916–2000) and Jaime Salom (1925–2013), and the emergence of Alfonso Sastre's Arte Nuevo group in 1945 and of Catalan commercial theatre in 1946. Even the content of the comedies of the *humoristas*, as they came to be known (e.g. Víctor Ruiz Iriarte (1912–1982) and Alfonso Paso (1926–1978)), was largely apolitical (London 2012: 360). London also draws attention to the serious realist theatre of the 1960s, led by José María Rodríguez Méndez (1925–2009), Laura Olmo (1922–1994), and José Martín Recuerda (1926–2007). Furthermore, specialist theatre magazines were beginning to refine and debate major issues of social concern by the end of the 1950s. The Festivales de España, which were initiated in 1952, took 'quality theatre' to the provinces, and between 1954 and 1960 a total of seventy-six towns had been visited (2012: 357).

By the close of the 1960s, the Independent Theatre movement appeared on the scene with its experimental methods: groups such as Els Joglars, Els Comediants, La Cubana, Dagoll-Dagom, Tábano, Ditirambo, La Cuadra, and La Fura dels Baus, just to mention a few. Then in the 1970s came the Nuevo Teatro or Underground Drama, a new trend in line with surrealist, experimental theatre (some of this group's key figures were José Ruibal (b. 1925), José María Bellido (1922–1992), and Jerónimo López Mozo (b. 1942)). Núria Espert, the famous actress and director, who experienced it all first-hand, refers to the late stages of the dictatorship as a period of 'risk and adventure that pushed Spanish theatre to unknown heights' (2012: 461). The point is this: because of the obvious restrictions placed by the Francoist censorship on the free development of the performing arts in Spain for so many years, it is easy to overlook the good work that the theatre produced during the period. As London has aptly pointed out, 'Francoism and the theatre created within its confines had both travelled a long way since the end of the Civil War' (2012: 371).

Franco's death in November 1975 initiated a transitional period, from dictatorship to a stable constitutional democracy in December 1982. Ironically, this period, which was overseen by Adolfo Suárez and his Unión del Centro Democrático party, did little to reverse the ills of Francoist theatrical culture.[7] To sum up the atmosphere of disappointment, Sharon G. Feldman and Anxo Abuín González cite an editorial that appeared in 2001 in *ADE Teatro*, the quarterly published by the Association of Theatre Directors of Spain, in which the directors declared the 'transition' to be virtually non-existent with respect to the theatre. These two scholars conclude that, despite the official end to the censorship and the increased availability of public subsidies, political bias, arbitrariness in decision-making, and the lack of a coherent vision for the theatre, remained unchanged throughout the period (2012: 393). Núria Espert recalls those days vividly:

> The independent companies were doing very interesting work. Later when Franco died and the so-called democracy arrived, those were very bad years for us all. I don't know if it was fatigue or if theatre was out in the streets and was on the television with all the extraordinary daily events. All of us had five or six very grey years around then. There were a few interesting things, but not the kind of explosion of the 1969–75 period. Later, I get the impression that things advanced very slowly until 2000 or so, and now things are accelerating again.
>
> [With the advent of democracy] suddenly everything calmed down in the theatre in the worst sense of the word. Almost all of the independent groups disappeared. Only the most ragged companies survived, and a lot of things that were very important suddenly vanished. It's as if a great fatigue set in and it has lasted a long time. (2012: 459 and 461)

What was Nieva's reaction to the situation? Having given up on any prospects of getting his work published or staged, Nieva refused to budge before the demands of the censors and audiences. Thus, unhindered, he continued to pursue his passion for creativity and toed the line, at a time when Buero Vallejo, Sastre, and others were steadily building up their fame in Spain and abroad. Nieva produced such rhetorically provocative plays as *El rayo colgado* (1952/1969), *El combate de Ópalos y Tasia* (1953/1964), *Nosferatu* (1961), *Pelo de tormenta* (1961/1972), and *La carroza de plomo candente* (1969). As Zatlin

---

[7] The contours of the transitional period from dictatorship to democracy are not unanimously defined, as some historians set the end date at 1977, that is, the first national general elections. In this study, the Transitional period refers to the period beginning 20 November 1975 (the date of Francisco Franco's death) up to 1982, when the first transfer of executive power took place following the victory of Felipe González and his PSOE party.

rightly points out, the continued existence of censorship did not mean that all playwrights avoided difficult subjects or wrote inferior works (1999: 227). For Nieva, the atmosphere of intolerance ironically propelled, not slowed down, his experimental proclivity, prompting him to move to France, the gateway to artistic experimentation at the time.

Thus, in 1952, when he received a scholarship to study in Paris, he wasted no time in embarking on what would become an international adventure rich in intellectual immersion. After a decade in Paris and divorced from Geneviève Escande, he moved to Venice, where he lived for over a year before returning to Spain in 1964. With a fellowship from the Juan March Foundation in 1967, he spent eight months in Germany and then returned to Madrid in 1969, the year in which his work as theatre director began. Nieva's international experience provided him with an outlet for the philosophical and artistic energies that had remained deep-seated in him. In his bohemian life in Paris, he met Ionesco, Beckett, and Arthur Adamov in the cafés of Saint Germain even before these writers became world-famous. He witnessed Bertolt Brecht and his Berliner Ensemble's performance at the Théâtre des Nations and interacted frequently with Georges Bataille. Nieva's wife Geneviève Escande helped fund Bataille's journal *Critique* at the time, using the resources of the French Research Centre for Scientific Investigation. The climax of Nieva's Paris experience, however, was when he became familiar with Artaud's writings through the help of Colette Allendy, a close family friend of the French theatre theorist (Artaud had died a few years earlier, when Nieva first arrived in France). Nieva also developed relationships with several figures of the painting world — Jean Arp, Constantin Brancusi, Pierre Alechinsky, and Philippe Dotremont — and he sporadically met with Charles Aubrun, Robert Marrast, and Georges Wilson. In (East) Berlin he became friends with the musician Paul Dessau. Mention must also be made of his special relationships with Visconti, Barthes, Weiss, Strehler, Octavio Paz, James Joyce, Ezra Pound, and the German opera director Walter Felsenstein, with whom he collaborated on Prokofiev's *Cinderella*.

Throughout his adventures in Paris, Venice, and Berlin, Nieva was known for his painting and set design. Among some of his most famous set designs are those he made for Ionesco's *Exit the King* (his first set design in Spain that brought him wider recognition), *The New Tenant*, and *Macbeth* (which he also translated). Others include Shaw's *Pygmalion*, Weiss's *Marat/Sade*, Sartre's *The Condemned of Altona*, Frisch's *Biography: A Game*, Miller's *After the Fall*, Büchner's *Danton's Death*, and Claudel's *The Satin Slipper*. Between 1964 and 1968, he worked with José Luis Alonso and later with Adolfo Marsillach on several projects, and soon became acknowledged as one of Spain's top scenic designers. Indeed, it was not until 1969 that he actually moved away from his primary career as a painter and designer and became a full-time playwright, although he had been writing plays all along.

It is time to say a few words about José Luis Alonso. Alonso served for sixteen years (1960–1975) as director of the María Guerrero Theatre, the epitome of the National Theatre vision advanced by the Franco regime at the time. Throughout his tenure as director, Alonso did everything possible to put the María Guerrero on a par with the highest levels of European theatre, but despite his best intentions and efforts, some only saw him as a tool of Franco's censorship machinery. Gabriel Quirós Alpera's book *José Luis Alonso: historia de la dirección escénica en España* (2013) is an attempt to restore the historical importance of this practitioner in regard to the evolution of Spanish theatre. Quirós Alpera emphasizes the professional significance of Alonso's international experiences, along with his uncompromising focus on quality, his loyalty to the dramatic text (as the basis for the *mise-en-scène*), and the influence he had on the career of a number of distinguished actors and directors (Lluís Pasqual, Mario Gas, Jorge Lavelli, Núria Espert, Ernesto Caballero, Gerardo Vera, José María Pou, among others). In a homage to Alonso, Nieva accentuated the singularity of his resourcefulness amidst the challenges he faced under Francoism:

> Era un técnico asombroso. En un teatro sin técnicos, por lo cual estaba obligado a inventarse sistemas sencillísimos para uso de cualquiera. Era capaz de sacar chispas de los más inocuos actores. Eso y no más que eso es el teatro en su praxis. [...] Hizo teatro nutrido de cálculo y de imaginación. [...] Un teatro de bienestar teatral en un medio ambiente que no lo prodiga. (1996b: 148–49)

Regarding Nieva's experience as a director, it is worth noting that besides his own works, he directed Manuel de Falla's *La vida breve* in 1999 to inaugurate Madrid's Royal Theatre after it had been shut down for many years. In 2001, he returned to the same theatre to direct Luis de Pablo's *La señorita Cristina*. In 2004, at the age of eighty, he directed Joaquín and Serafín Álvarez Quintero's *sainetes*, *La mala sombra* and *El mal de amores*. These more recent productions by Nieva crowned a long history of stage direction that includes, among others, Calderón de la Barca's *The Phantom Lady* in New York, Alfred Jarry's *King Ubu* (which he also translated), Duque de Rivas's *Don Álvaro*, and Mozart's *Don Giovanni*.

By the time he returned to Spain in 1964, Nieva was virtually intoxicated with unorthodoxy, thanks to his reinforced exposure to the avant-garde and radical ideas that saturated the atmosphere in which he lived. Here are his own words on the impact of his experiences abroad: '[Lo] cierto es que venir a España hace ocho o diez años con la cabeza llena de Wilde-Bataille-Jarry-Artaud-Genet era venir pidiendo un puesto en la prisión de Carabanchel y no en la sección de ciencias políticas, sino en la de ciencias perversas' (1973a: 21). For Nieva's dramatic concepts to be grasped fully, it is imperative that his immersion in that streak of 'perverse sciences' should be borne in mind, as they were experiences that reinforced his commitment to a distinctive theatre built on the foundations of Spanish classical tradition and European experimentalism.

Ironically, it was during the Transitional period (1975–1982) that Nieva established himself on the commercial stage, and it was with the advent of constitutional democracy that his dramatic enterprise collapsed. Before the coming of the socialist government in late 1982, this playwright, notwithstanding his struggles, could boast eight productions, four of which were almost unanimously acclaimed as *tours de force*. These were *Sombra de quimera de Larra*, *El combate de Ópalos y Tasia* and *La carroza de plomo candente*, *Los baños de argel*, and *La señora Tártara*. This last play was directed in December 1980 by William Layton and Arnold Taraborrelli at Madrid's Marquina Theatre. The other plays performed during the same period were *El rayo colgado* in July 1980 and *Coronada y el toro* in 1982. Nevertheless, the enthusiastic applause that Nieva received during the early part of the Transitional period did not last long. With little scrutiny, one can see that, of his first five performances, which took place between January 1976 and December 1979, three were adaptations and not original works. (The other original piece was *Delirio del amor hostil* (1977), staged in January 1978 at Madrid's Bellas Artes Theatre.) All three adaptations were solicited and written specifically for national theatres and festivals. A request for a performance based on Mariano José de Larra as a classic figure led to the production of *Sombra y quimera de Larra*, an adaptation of Larra's *No más mostrador*. Another request was for a version of Aristophanes's *Peace*, which led to the production of *La paz* in July 1977 at Mérida's Roman theatre. Finally, *Los baños de Argel* is a version of Cervantes's piece, and was staged in December 1979 at the María Guerrero. The point is that all these offers for adaptations were made enthusiastically, while Nieva's original works were being ignored.

There were several reasons for this awkward situation. First, the anomaly reveals a broader systemic problem related to Spanish experimental theatre. In an essay on what she refers to as the Symbolist Generation, María Francisca Vilches de Frutos (1999) portrays the period between 1976 and 1986 as the most fruitful for Spanish symbolist or experimental theatre. At the same time, a scrutiny of the performance record of this group of writers as mapped out by Vilches de Frutos evinces not a cheerful story but a gloomy one: Nieva (eight productions from 1976 to 1982; Vilches de Frutos wrongly mentions seven), Luis Riaza (four), Jerónimo López Mozo (three), Miguel Romero Esteo (three), Martínez Mediero (three), Alberto Miralles (three), and García Pintado (two). With Franco's demise, one would expect that the advent of democracy would change matters drastically for the better. In reality, exactly the opposite occurred: democracy produced a setback for experimental theatre as a whole.

The relatively positive performance track initiated in 1976 by the Symbolist Generation continued when the socialist government came into power in 1982. As Vilches de Frutos shows, however, that track began a rapid decline from 1986 onward, so rapidly that, except for Alberto Miralles, who staged six works between 1986 and 1990 — thanks to his own independent group Cátaro — naturalistic theatre had taken over the scene by 1990. With its penchant for projecting concerns about urbanization and its attendant social problems in the 1990s, experimental or alternative drama was almost completely sidelined. The notable exception to this disappointing scenario was the independent theatre movement, which had been registering success in the theatre centres of Catalonia since the 1960s. The relative success of these groups lay in their attraction of wide social support, hence the flow of financial assistance from certain institutions, corporations, and the media.

For Nieva in particular, the severity of the Francoist censorship never ended but was passed on to the officials of the PSOE (Partido Socialista Obrero Español) establishment. Before the socialists came into power, his work had been staged in official and commercial theatres, including three performances at the María Guerrero. So what happened after the PSOE took office? Unlike some experimental playwrights who continued to stage their plays well into the democratic era, Nieva's work attracted no interest whatsoever. For five years, after the July 1982 performance of *Coronada* in Seville until June 1987, he experienced the driest period in his artistic career, staging not a single work. Unsurprisingly, he lays the blame on the biased misconduct of the socialist officials who controlled financial support for the arts (cf. Galán 1989: 36). In a mood reminiscent of Núria Espert's affirmations cited earlier, Nieva minces no words in describing his disappointment in the PSOE's lack of support for the theatre:

> Frente a otros logros, el PSOE no ha tenido un valor enderezador o encauzador de la cultura teatral. Es un fracaso, es un hecho, a la vista está. En once años de mandato hemos visto retirarse a muchos verdaderos escritores del teatro. No es un timbre de gloria para el partido político que ha querido cambiar a España y sumarla con todo derecho a la cultura europea. (1996d: 61)

In his appraisal of the early democratic period, César Oliva points out the missteps of the PSOE officials and their total lack of initiatives for turning around the inefficiencies and abuses that the theatre suffered under Francoism (cf. Oliva 2004: 30–31). Quirós Alpera puts the matter more bluntly: 'Por tratar de aminorar los efectos y medidas restrictivas de la censura estos no desaparecen, sino que quedan aún más patentes como un abusivo dislate y una auténtica abominación a nivel cultural y humano' (2013: 139).

If one considers, for instance, the venues in which Nieva's shows were performed during those years, not one of them was an official or commercial house. The advent of socialist rule did not change Nieva's luck; he was denied access to commercial theatres, and, as a result, he had to take whatever space was available — auditoria such as the inadequate Albéñiz or the so-called beginners' stage, as the Olimpia was seen at the time. While it is true that Nieva's theatre presents its own peculiar challenges for staging, it continued to suffer well into socialist democracy some of the misfortunes it had inherited from the Francoist censorship.

The complexity of his theatre is another important factor to recognize in explaining the reasons behind the challenges Nieva faced in performing his works. It is needless to say that private companies often support theatre companies whose casts ensure that the public will be attracted and the event will be sold out. And yet the performance undertakings of Nieva's plays are costly and demanding, as they are always much more complex and challenging than the average theatrical production. Most of the elements that enrich the production's quality — music, décor, costume design, and the stage — tend to be much more elaborate and complex and require considerable technical support. In the light of such financial considerations, Nieva's productions are often regarded as risky, since the success of a theatrical production is hard to predict. In part, this risk factor has dissuaded a lot of producers and directors from undertaking the staging of his work, thus exacerbating an already fragile situation.

To forestall the lack of professional interest in his work, in 1987 Nieva formed his own company, the Francisco Nieva Theatre Company, with the help of his friend and former student Juanjo Granda. The other co-founders of the company were Teresa Vico (production), Juan Antonio Cidrón (artistic director), and Manuel Gijón (designer). Drawn from the world of cinema, television, and other theatrical productions, the actors were individually contracted, although a few later featured consistently in performances of Nieva's work, such as actors Francisco Maestre, Ana María Ventura, Julia Trujillo, José María Pedreira, Manuel de Blas, and Francisco Vidal. The company depended on the usual public sources of support for their productions in addition to box-office sales. Unfortunately, the company found itself preoccupied with finances, and of the five shows that it staged, Nieva himself served as director and designer in four. Despite these attempts to minimize costs, lack of resources often forced the group to improvise and to simplify the setting much beyond Nieva's desire. After barely five productive years, the company, incapable of sustaining itself, had no other choice than to fold. It would be ten years (from the staging of *Los españoles bajo tierra*) before Nieva approached the stage again as director of his own plays. During this decade, only two of his major original works were staged in Spain — *Nosferatu* in May 1993 and *Pelo de tormenta* in March 1999.

Today, the performance record of Nieva's drama may look impressive and, indeed, he has gained due recognition in Spain, but, besides a few generous gestures from friends and admirers, this success has been largely the result of his foresight and his direct involvement in staging his own plays. His is a success story truncated and unjustifiably delayed by a system of controls that has still not fully embraced symbolist or poetic drama.

A poetic dramaturgy

In considering the ideological and aesthetic foundation upon which Francisco Nieva's theatrical enterprise is constructed, it is important to take note of the variety of literary voices that had an influence on him. In Spain, these are, among others, Eduardo Chicharro Jr, Carlos Bousoño, Vicente Aleixandre, Cervantes, Francisco de Quevedo, Juan Ruiz, Carlos Arniches, Ramón Gómez de la Serna, Duque de Rivas, Valle-Inclán, Federico García Lorca, and Max Aub. Outside of Spain, the major influential voices are Artaud, Brecht, Beckett, Ionesco, Genet, Jarry, Shaw, Pirandello, Fellini, Pasolini, Bataille, Büchner, and Ghelderode.[8] In this admixture of voices one can detect echoes of populist classical traditions as well as avant-garde artistic orientations, and this in part makes it difficult to classify Nieva's dramaturgy in absolute terms. Furthermore, in its resistance to unitary plot development and logical sequence, Nieva's drama gives rise to a diversity of interpretations by readers/critics and audiences/directors alike.[9]

In his creative endeavour, the only traditional genre with which Francisco Nieva has not engaged directly is poetry as we know it. And yet, he is a poet,

---

[8] In his biography of Nieva, Antonio González (1980) presents Nieva's work as having preceded the experimental plays of some of the very writers Nieva would later mention as having inspired him. Carlos Bousoño re-emphasizes this chronology in regard to Nieva's drama, saying that, besides a work or two by Italo Calvino, Nieva's symbolist drama predates that of his contemporaries (1990: 74).

[9] In 1980, Nieva provided a categorization of his plays, but in the 1991 edition of his Complete Dramatic Works he reclassified them in a rather ambiguous and sometimes illogical manner. The original categories are 'Teatro Furioso' (TF), which is highly surrealist and hermetic in orientation; 'Teatro de Farsa y Calamidad' (TFC), in which the characteristics that delineate TF are still present but considerably mitigated; and 'Teatro de Crónica y Estampas', which consists of an adaptation of Mariano José de Larra's play *No más mostrador*. Added to these categories in 1991 are 'Teatro Inicial', two plays called 'Reópera', 'Tres Versiones Libres', and 'Teatro en clave de brevedad'. Jesús María Barrajón's article, 'Sobre la clasificación del teatro de Francisco Nieva' (1994), is devoted to the confusion and problems created by these new classifications. Barrajón does not see TF and TFC as two simultaneous expressive forms but as the sign of a writer struggling to gain an effective medium for communicating his ideas (1994: 6). Katazyna Górna-Urbanska earlier criticized the same classifications (1987: 23), although I find her own grouping along thematic lines questionable.

a bona fide dramatic poet. His stage productions always set themselves apart from mimetic, conventional drama and are projected as revealed poetry. Still, they are not comparable to the theatre of the absurd, for they lack the abstract experimentalism of avant-garde theatre, in which they are nevertheless rooted. For one to comprehend the sensibility of that poetic artistry, the place to begin is a poetic treatise that Nieva published in 1980. He called it 'Breve poética teatral', a poetics to which Carlos Gortari refers as the boldest, the most forcible, and the most original manifesto of postwar Spanish theatre (1975: 15). The poem reads as follows:

> El teatro es vida alucinada e intensa.
> No es el mundo, ni manifestación a la luz del sol,
> ni comunicación a voces de la realidad práctica.
> Es una ceremonia ilegal,
> un crimen gustoso e impune.
> Es alteración y disfraz:
> Actores y público llevan antifaces,
> maquillajes,
> llevan distintos trajes...
> o llevan desnudos.
> Nadie se conoce, todos son distintos,
> todos son 'los otros',
> todos son intérpretes del aquelarre.
> El teatro es tentación siempre renovada,
> cántico, lloro, arrepentimiento, complacencia y martirio.
> Es el gran cercado orgiástico y sin evasión;
> es el otro mundo, la otra vida,
> el más allá de nuestra conciencia;
> es medicina secreta,
> hechicería,
> alquimia del espíritu,
> jubiloso furor sin tregua... (1980: 94)

In this exposé of his dramatic vision, Nieva portrays theatre as an interplay of varied and contradictory phenomena, of pleasure and pain, of temptation and fury, of masquerade and nudity, of magic and alchemy — all wrapped within a universe of its own, with little resemblance to the audience's reality. In this hallucinatory dramatic world, one hears echoes of Valle-Inclán's *esperpento*, of the ontological irrationality of Ionesco and Strindberg, the currents of Genet's criminal drama, and the ritualistic tone of the Greek bacchanal and the Roman Saturnalia. Equally registered are resonances of Artaud, Bataille, Michel de Ghelderode, and Alfred Jarry in their ritualistic, metaphysical essence. Basing his thoughts on Erich Fromm, Nieva refers to the dream-like realms of his

Figure 1. 'Teatro Furioso,' drawn by Francisco Nieva. Courtesy of Francisco Nieva.

dramatic world as a 'delirio onírico', a rupture from the systems of logic and social categories that occur during dreams (1971: 65).

Beyond the poem, which constitutes only a portion of the treatise, Nieva advances a concrete theory of his theatre. He calls this theory *Estética del delito*, which evokes Genet's Aesthetics of Crime. In a 1973 interview, Nieva confessed how his reading of *Notre-Dame-de-Fleurs* had shaped the ideological grounding of his theatre and led it toward the nihilistic disposition of Genet's philosophy (1973b: 23). Genet, once the proud author of the perverted *The Thief's Journal*, glorifies himself as the master of vice. For Genet, theatre is a criminal tool, since, in his view, artistic beauty has a special poetic power equivalent to what he calls 'the power of crime'. These ideas seem to have guided Nieva in his formulation of the *Estética del delito*, the primary focus of which is to promote rebellious freedom from all cultural regulation and authority, especially as regards matters of sex and sexuality. According to Nieva, social vigilance (that is, conservatism) creates a permanent bond of moral guilt, which society places on its members' path to knowledge. In order for theatre to serve as a conduit of knowledge freed of guilt, it ought to be a subversive agency, a criminal, outlawed religion that undermines self-conservation and all forms of totalizing hierarchy (1980: 97).

In a mode that recalls Artaud's comparison of the Theatre of Cruelty to the cathartically redemptive power of the plague, Nieva likens the effect of theatrical representation to the fatal effects of drug addiction. For Nieva, tragic fatality provides avenues for redemption from guilt and all forms of oppression, and, as such, tragic theatre is also to be seen as revolutionary theatre, not in the sense of the radically new, but in the sense of a peculiar reality parallel to dream states where total freedom reigns (1980: 98). Theatre, then, is a call to rebellion, and the *Estética del delito* becomes the requisite agency of that rebellion and liberty:

> Me es preciso desobedecer [...] Así pues, soy consciente de pertenecer a una clase inobediente, tanto por lo que yo siento como por lo que me hacen sentir los demás, manteniendo mi pensamiento bajo vigilancia. Y tanto más en estos momentos de susceptible culpabilización cultural. No ha de extrañarse así que, de un arte culpabilizado, haya surgido espontáneamente una estética del delito. (1980: 100)

Still, the political underpinning of Nieva's theatre is not to be considered an attack on any specific individual or situation; it is to be felt as a mechanism for exposing systems of intolerance, dogmatism, and blind conformity in general. Residing in the theatrical act itself, Nieva's politics work to subvert cultural values and divest them of their rational and moral coating, leaving in their trail sheer subjectivity and a relativist dialectic of constantly shifting relationships:

> Todos los valores, desprovistos de su aplicación práctica o moral, culpabilizados, perversos y lesivos, permanecen como un complejo vital

positivo-negativo en círculo cerrado y en perpetua situación de afirmación-negación, inversión, mudanza, transacción. Nada es perfectamente malo ni bueno, a pesar de lo que nos indica esa aguja imantada que es la culpa. (1980: 102)

The relativist tenor of Nieva's dramatic philosophy occasions a dramatic language that is necessarily dynamic. 'La palabra', he asserts, 'está en constante transformación porque el lenguaje es selección y creatividad, algo que se resiste totalmente a las reglas' (1980: 106). Thus, he opposes regulated academic diction and collapses all division between poetic and conventional language. This is why he has a penchant for verbal invention, populating his plays with words that do not exist, words that are often derived from *jerga* and *caló* (spoken by gypsies), which he views as languages that constantly regenerate themselves. This linguistic freedom allows Nieva to create speech patterns that are hyperbolic and tend to transcend the denotative, logical transcription of concepts. 'El teatro es literatura teatral' (1996d: 58), he declares, trumpeting the limits of his affinity with Artaudian theatre and the text-averse nature of much experimental theatre in general.

Even in his construction of characters for the stage, Nieva always proceeds from a linguistic point of view. Like Jacques Copeau, he frames his productions in such a way as to project the textual reality, which the spectator is invited to contemplate. And when he is faced with the difficulty of communicating to the audience that which is impossible to capture in the dramatic text, he works aggressively on how best to employ non-verbal devices — costume, gesture, music, sound, etc. — to accomplish his goals. Indeed, as director, Nieva is extremely faithful to the literary text and, like José Luis Alonso, rarely does he modify the dramatic text in any significant measure when directing his plays.

Notwithstanding his emphasis on the literary text, it would be a mistake to view Nieva's theatre as purely speech-based. Rather, it is to be viewed as a total theatre, a comprehensive apparatus in which all the scenic elements that make up the play come to interact. Unlike Beaumarchais or Racine, Nieva cherishes a stage whose linguistic metaphor is always supported by a strong visual effect in the tradition of Tadeusz Kantor, Robert Wilson, or Brecht. He calls this artistic dynamism a 'didactismo de lo literario', that is, emphasis on aesthetic efficacy, as opposed to didactic, political message (1990: 42–43). Herein lies Nieva's debt to Brecht — the treatment of scenography not as an adornment but as a fundamental feature of the dramatic aesthetic. He envisages set design as an emblem, as reaffirmation and enrichment of the dramatic work, aesthetically and rhetorically. Consequently, the actor in Nieva's work is called upon to adopt an attitude on stage that is plastic and expressive. At the same time, this actor has to make his or her role and utterances credible to the audience, as s/he projects the truth about the character, who, in the spirit of Gordon Craig or Rudolph Appia, is often constructed as a puppet. It is no surprise that this global vision of theatre became the key factor in Nieva winning the National Theatre Prize in 1979. And when in 1987 he formed the Francisco Nieva Theatre Company, it was the value of that balance — between dialogue and scenic techniques — that became the prominent slogan of its manifesto:

> La aportación más valiosa [de la compañía] es la de un concepto en donde la textualidad literaria y la imagen plástica se avienen en un todo teatral más equilibrado y sereno — y, en suma, hasta más variado — de lo que se ha venido haciendo como superación de la modernidad sin desprenderse de sus prejuicios. Esta nueva corriente europea, que pretende conservar el legado humanista del teatro sin renunciar a la experimentación, ha constituido el eje de nuestra labor. Y es lo que recomienda a la Compañía de Teatro como adelantada en la afirmación de unos valores decantadamente europeos y rigurosamente actuales.

One cannot study the conceptual fibre of Nieva's theatre without discussing its bond with Postismo, the 1940s Spanish neo-avant-garde movement that, in many ways, represents the early foundations of Spain's contributions to postmodernism as we now know it. It is safe to say that the inspiration for Nieva's verbal dexterity is the metaphoric, text-based drama of Gómez de la Serna, arguably the pioneer of the Spanish avant-garde. According to Jaume Pont, de la Serna greatly influenced the Postists, who became the group of writers to benefit the most from the legacy of his poetic language (1987: 229–30). Founded in January 1945 by Eduardo Chicharro Jr, Carlos Edmundo de Ory, and Silvano Sernesi at Madrid's Café Castilla, Postismo is a movement that emphasises imagination, the subconscious, and eclecticism as inspiration for literary and other artistic works. Other members of the movement were Francisco Nieva, Gabino-Alejandro Carriedo, Félix Casanova de Ayala, Ángel Crespo, and Ignacio Aldecoa. One could also mention Juan Alcaide Sánchez (a poet and Nieva's childhood mentor), Ignacio Nieva (the playwright's brother), and Nanda Papiri (an Italian painter married to Chicharro) as persons who were closely associated with the activities organized by the Postists. Although they made no arguments against any particular ideologies, their aim was to mount an assault on what they saw as a humanist and Falangist ideological bias that had taken hold of the literary scene in the early 1940s, especially the Garcilacists' escapist project in the midst of a society devastated by misery and suffering. In 1944 they formed a journal called *Postismo* as the mouthpiece of an alternative slogan to *Espadaña*, which was formed by the León group of poets with a strong re-humanizing programme (cf. Rubio 1976).

A complex ideological phenomenon, Postismo could not be defined easily even by the Postists themselves, just as it is challenging, after all these years, to come up with an encompassing definition of postmodernism. What is clear, however, is their commitment to what they call 'locura inventada', a hallucinatory, surrealist vision of art and literature. Postismo's lack of precision should not be troubling, for the Postists have repeated time and again that their project is a revisionist one, not a rejectionist aesthetic. That is, instead of being averse to the past, unlike the historical avant-garde, theirs is an eagerness to discover, to reactivate, to recycle, as it were, the substance of what they call uncharted territories: 'Queremos cazar todo alcázar del pasado para volver este mundo de fácil decadentismo en un nuevo caudal de arte y de posibilidad creadora' (Front cover of *Postismo*'s first issue, January 1945). As such, like postmodernism, Postismo grounds itself consciously in Modernism (Dada, *Ultraísmo*, Surrealism, Cubism, etc.) but also seeks to transcend the avant-garde. One can say that the ultimate conceptual point of union between Postismo and postmodernism is their eclectic disposition and penchant for artistic creativity. More specifically, one could point to the following characteristics: the lack of an absolute definition (that is, the lack of an independent identity without reliance on other *-isms*), the desire for artistic freedom and pluralism, a concerted divergence from the avant-garde through an eclectic reappraisal of the past, reliance on humour and play, fragmentation, and the exaltation of paradox and ambivalence.

A staunch advocate of Postismo, Francisco Nieva was labelled by Ory as 'a catechumen of *postismo*', one whose vow of fidelity to the movement never weakened, and the only to have authentically engaged with the movement's ideals (1970: 277–78). In a 1984 article published in *ABC* entitled 'El Postismo una vez más', Nieva draws attention to the vital connection between the Spanish literary movement and postmodernism:

> Leyendo un poco al trasluz en los manifiestos del Postismo se está viendo que no predicaba otra cosa que lo que, al cabo de treinta años o más, se llama 'posmodernidad'.
> Al Postismo se le exigía una 'manera' que no podía tener, como la 'posmodernidad' no la tiene. La novedad del Postismo consistía en una 'identificación tergiversadora con todo lo dado en arte' […] El Postismo podía irracionalmente confundir, mezclar todo lo que los instintos apetecen en maeteria de arte, sin discriminación, en vista del más variado eclecticismo. Eclecticismo que, no obstante, nos daría el sabor del tiempo como unidad estética. La modernidad sin modernismo, la pura modernidad indefinible. El Postismo cargaba sobre sí ligeramente con toda la tradición y toda la modernidad como punto de partida para una multitud de composiciones personales, haciendo posible un retorno al individualismo más fecundo. Por ofrecer una fórmula tan vasta y tan profunda, parecía no ofrecer fórmula alguna. (Quoted in Pont 1987: 237)[10]

At this juncture, one must keep in mind the fact that, long before his trip to France in 1952, Nieva was systematically following the alternative aesthetic ideals of this movement, which in *Francisco Nieva and Postmodernist Theatre*

---

[10] See also Nieva (1987: 7).

I posit as fundamental in laying the foundations of postmodernist literature in Spain and in Europe as a whole.[11] For Nieva, true postmodernism involves the accommodation of a polycentric network of tendencies (cf. Nieva 1987: 15). He sees postmodernism as a superstructure bolstered by avant-garde pillars where conflicting elements come to interact freely. 'Contemporizar la tradición', he avers, 'es atributo de los grandes creadores' (1996a: 126). All things considered, Nieva's attraction to Postismo, as with many of the movement's sympathizers, resides primarily in its mantra of *locura inventada* and the possibilities that this creates for artistic independence and individual creativity. The verbal audacity and plastic dynamism — the ability to imagine the unimaginable — with which Francisco Nieva constructs poetic drama, in my view, constitute his greatest legacy to European theatre.

---

[11] As suggested earlier, Nieva is hard to classify aesthetically, but should one insist on identifying him with a specific group of writers, it would be the 1960s Generation, internationally composed of writers such as Calvino, Pasolini, García Márquez, and Mishima, writers in whose practice of 'magical realism' he finds a strong echo of his own dramaturgy (cf. Nieva 1996c). Nieva (1990: 41) had hinted that he considered the 1960s Generation's break with the avant-garde as having set the stage for post-avant-gardism, a term one can now safely take to mean (literary) postmodernism.

Coronada y el toro

1. *Sources*

For information on the sources of *Coronada y el toro*, one need not look far beyond what the playwright himself has provided in his memoirs (2002: 543-46).[12] Like *El rayo colgado*, *Coronada* began as a short story called 'Apuntes de feria' that Nieva wrote around 1964. The story was later developed into a piece of *zarzuela* before assuming its definitive form as a full play. The short stories, which Nieva refers to as expressions of magical realism (2002c: 543), were often read and corrected with extensive notes by Eduardo Chicharro Jr. Scrutiny of the story reveals several similarities between the latter and the drama: a conservative rural setting (Vigilia de los Condes becomes Farolillo de San Blas in *Coronada*), the presence of certain characters (Maraúña, the mayor, and the *pueblo*), a religious atmosphere and processions (the celebration of a popular May festival), tension and suspense, and a religious closure to the plot. Whereas the story ends with an exaggerated communal exaltation of the Virgin Mary, however, *Coronada*'s plot closes on a bitter note with Mairena's suicide. In the story, one gets to know Maraúña much better. For example, we know that he lives with his grandmother as a farmer on a rocky holding at the outskirts of the town. At the same time, he is also serving a prison term, which the townsfolk care less about so long as he appears during the May festival to fight the bull, a task he carries out with intense humiliation the whole time. In the play, the acerbic suspense — built around the delay in the bullfight — seems to be generated by Coronada's orchestration of the bull's disappearance, but in the story the cause lies in a tug of war between entrepreneurs (sellers of walking sticks and pouches) and the bullfight establishment, each attempting to gain the upper hand in their bid to lay claim to the *plaza*.

Andrés Amorós reports that, before *Coronada* reached its current form as a drama, it passed through another phase, with its definitive title and a subtitle, 'Zarzuela sorda'. In this second transitional piece, called 'Un fragmento de zarzuela', Coronada emerges as protagonist of the drama, but the setting, Vigilia de los Condes, is given a new name, Linterna de San Blas, which became Farolillo de San Blas (Amorós 1986: 37).[13]

Long before he wrote 'Apuntes de feria', Nieva drew inspiration from the experiences he had had in small towns and villages in Spain. When he was about twenty-five years old, he spent a month-long vacation in the Gredos mountains,

---

[12] See CE, pp. 71-80, for a reproduction of the references Nieva makes to the play's sources in his memoirs.

[13] My attempts to locate the *fragmento* piece, or any allusion Nieva might have made to it, yielded no results, and I wonder if the so-called 'fragmento de zarzuela' was not simply a phase in the evolution of the text-editing process rather than a fully-fledged piece.

in the Arenas de San Pedro county, in the company of other young people who were members of Madrid's Episcopal Church. He was fascinated by the village of Las Hurdes and particularly by Guisando, with its feasts, pilgrimages, and its primitive social stratification system. Totally immersed in the natural aura of the Gredos, the young Nieva imbibed and absorbed it all — the cold, moonlit nights; the movement of wild horses that appeared like beautiful phantoms; the rudimentary norms and behaviour of the townsfolk, etc. About the same time, he recalls reading the anti-bullfight novels and short stories of Eugenio Noel. But Nieva insists that he was not personally against bullfights. We know that he was baptized in the bullring and that his maternal grandfather Ignacio Nieva, alias El Finito, was a bullfighter. Nieva writes:

> Recuerdo que [...] leía las novelas cortas o cuentos antitaurinos de Eugenio Noel y me parecía que estaba viviendo lo mismo. Pero yo no era tan antitaurino. Lo que me gustaba de Noel era su violencia expresiva [...] Yo he ido siempre a degustar los aspectos formales. Por el contrario, el toro tiene para mí un sentido de mito antiguo que me conmueve de un modo profundo, y su decantada y negra estampa no existiría de no existir las corridas de toros. Mi abuelo materno, el que luego se convirtió en respetable propietario y hombre de negocios, había sido torero por vocación. Ignacio Nieva, alias El Finito. (2002c: 544)

These sentiments also need to be considered within the peculiar circumstances of the historical context in which the play was written in 1974. I am referring to a possible nostalgia for what Edward F. Stanton, in discussing similar feelings expressed by Julio Caro Baroja, describes as a rural life that was undermined between 1960 and 1975 by the greatest rural flight in the history of southern Europe. Stanton reports that, in France, Italy, Spain, and other Catholic countries, millions of people in small villages and towns during that period fled to cities in search of a more prosperous life. He goes on to say that many villages remained empty or sparsely inhabited by a dwindling population of older people, and within two generations, two-thirds of Spaniards lived in towns of more than 20,000, while there were some fifty municipalities of more than 100,000, and a mere 3.75 per cent of the people had stayed on the land. 'It was not only a matter of certain customs or beliefs that were being lost within each rural community, but the community itself [...] [F]olklore was becoming an "archeological discipline" for studying customs that were dead or moribund' (1999: 51–52). Nieva, who early in his life became a city dweller and yet remained emotionally attached to his local roots, never let go of that inner desire, like Caro Baroja, to relive, at least artistically, the spirit of provincial Spain, albeit from a critical perspective. His own words suffice as a synthesis of this view:

> Las impresiones que recibía de mi vida en el pueblo serrano, de mis escaladas, de mi asistencia a las capeas y las fiestas, así como el permanente recuerdo que yo guardaba de la plaza de toros de mi pueblo, fueron haciendo germinar la composición de *Coronada*, haciendo cuajar el

proyecto de escribir algo, relato o comedia, que fuese como una gran rapsodia de todo lo español, arcaico y vernáculo dominado por el mito solar del toro. (2002c: 544)

With the triple rejection by Franco's censors of *Pelo de tormenta* (1961/1972) lurking in the background, and ironically throwing all caution to the wind, Nieva converted adversity into positive energy by resolving to reconstruct the 'Apuntes de feria' in a mode of revenge:

> ¡Qué cosa tan abominable son a su vez los curas, cuando se les da mano larga! Parecía que después escribía por venganza. 'Voy a hacer del "hombre monja", ridículo y afeminado — un pobre "mariquita" de pueblo — la propia figura de Dios, desconocido y maltratado. (2002c: 543)

He could have added that, to raise eyebrows even more, he would create a 'supermoza' to rail against Spain's most popular *macho* pastime.[14]

II. *Stage performance*

Coronada y el toro premiered on 29 April 1982 at Madrid's María Guerrero Theatre, thanks to the generous intervention and support of José Luis Alonso, the director of the National Drama Centre at the time. The performance, which took two and a half months to rehearse, closed the season at the María Guerrero along with five other performances, alternating daily with Ángel García Pintado's *El taxidermista*. The play was originally scheduled to take place in Seville, in homage to what Nieva indicates as his strong ancestral roots in this Andalusian city, but circumstances forced the premiere to be in Madrid (Martínez Velasco 1982a: n.p.). Performances did later take place in Seville from 2–11 July that year; even the Madrid premiere was postponed for a few days. The play was directed and designed by Nieva and involved as many as twenty-seven actors, with only six playing multiple roles (of a total of thirty-three). The technical and artistic teams consisted of thirty-two members. Here is the cast, in order of appearance on stage:

Young jota dancers

Douglas McNicol
Iñaki Guevara
Carlos Creus
Joaquín Arjona

ZEBEDEO	José Bódalo
CORONADA	Esperanza Roy
TENAZO	Miguel Caiceo
PANZANEGRA	Paco Maestre

---

[14] With respect to *Coronada*'s musical sources, it is worth noting the famous rhapsodies of Rimsky-Korsakov, Lalo, Chabrier, Ravel, Falla, and others.

MAIRENA	Manuela Vargas
LA MELGA	Ana María Ventura
LA DALGA	Julia Trujillo
DON CEREZO	Francisco Vidal
VELLIDO	Juan Carlos Montalbán

Pueblo

SIXTA	Manuela Madrid
SIRA	Paloma Vosselle
SARA	Lola Peno
OVES	Miguel Ángel Gredilla
JOVES	Alfonso Romera
ACEBES	De Miguel Bilbao
CARNICERO	José Luis Matienzo
EL LOCO	Francisco Ledesma
HOMBRE-ORQUESTA	Juan Ramón Sánchez
VOZ CANTANTE	Alfonso Vallejo
MARAÚÑA	Joan Llaneras
EL HOMBRE-MONJA DE LA ORDEN ENTREVERADA	José María Pou

Children

NIÑA PELONA	Manuela Madrid
NIÑA LISIADA	Lola Peno
NIÑA BLANCA	Paloma Vosselle
NIÑO GORDO	Alfonso Romera
NIÑO MAGRO	De Miguel-Bilbao

Puppeteer	Francisco Ledesma
Musicians	Ricardo Lozano (keyboard)
	Carlos de Yebra (Percussion)

The script was a libretto prepared for the performance and was faithfully followed by Nieva in directing the play. As will be discussed later, the libretto was a substantially modified version of the original 1974 text published in the journal *Pipirijaina*. It is worth noting, however, that only the major characters, a total of eleven, feature in the libretto's dramatis personae. For the performance, the composition of the cast was largely left in the hands of Nieva, except for two recommendations by José Luis Alonso. For the part of Maraúña, Alonso suggested Joan Llaneras in place of Miguel Caiceo, Nieva's original choice. In the case of Esperanza Roy, however, the playwright went against Alonso's advice that he hire Mary Santpere, because, although at the time more associated with the world of dance and cinema, Roy was, in Nieva's words, more sublime and more art nouveau (2002c: 547). As it turned out, Nieva's risky choice paid off, as it did in the case of Manuela Vargas, a flamenco dancer from Seville with limited oral articulation who played the role of Mairena, as debut in a dramatic role.

The María Guerrero show provided the audience with distinctive scenic layers that enriched and sharpened the rhetorical force of the work. These layers included the paramountcy of song and dance, the strong resonance of Catholic liturgy, the poetic energy behind speech and its delivery, and the power of humour to mitigate dramatic tension. Perhaps as evidence of realism on the director's part, the performance stops short of portraying the sexual revelations, made more explicit in the play text during Coronada's masturbatory act, preferring instead to dwell on her drunkenness. Another striking difference between text and stage emerges at the end when (likely the result of technical complexities) Coronada's party simply withdraws backstage, with Coronada raised off the ground, instead of the characters being carried away on a white horse as specified in the text.

Press previews whetted the public's appetite for the play, projecting it as the product of a formidable playwright who had been regularly appearing on the Spanish stage; a fame reinforced by Nieva's nomination (along with Francisco García Pavón and José López Rubio), a few weeks prior to the performance, as a member of the Spanish Royal Academy of Language. More than twenty reviews and related interviews followed the Madrid and Seville performances, offering almost unanimous acclaim. Of particular note are references to the outstanding acting of Esperanza Roy, José María Pou, Ana María Ventura, and Julia Trujillo. Most of the reports underscored the quality of the material features of the staging, and the balance between set design and the play's rhetorical force. They mentioned the lengthy applause from the audience interspersed with many *bravos*, which elicited ten curtain calls and obliged Nieva to step forward to give words of thanks, a gesture, he later admitted, to which he was not accustomed. Here are a few excerpts worthy of note:

Diario 16: 'Magnífica puesta en escena' (Amestoy Eguiguren 1982)

Ya: 'Extraordinario espectáculo' (García Pavón 1982)

Pueblo: 'Nieva es, sin duda, el autor que ha aportado más innovaciones al arte escénico en muchos años. No se parece más que a sí mismo, rompe todas las amarras con tendencias y escuelas y sólo responde a sus solas y originales reglas gramaticales [...] Todo, excelente.' (Rico 1982)

El Alcázar: 'Hay una permanente alegría conceptual y dialéctica a lo largo de toda la representación en la que van surgiendo tópicos y andanzas nobles entrelazadas por una plástica no excesiva, ya que esto es lo que ayuda grandemente al desarrollo conceptual de toda la acción [...] ¡Un buen éxito!' (Díez-Crespo 1982)

Lanza: 'No estamos acostumbrados a que una obra de teatro reúna tanta grandeza y tanta originalidad, y menos que proyecte tanto futuro cogido a las raíces de la historia [...] [Nieva] ha conseguido una maravilla de obra.' (Del Hierro 1982)

Hoja del lunes, on the Seville performance: 'Todo este sorprendente, extraordinario espectáculo escénico, conmovedor a ratos, chocante en ocasiones pero siempre admirable, viene a ser como la quintaesencia del teatro nacional.' (Sotello 1982)

ABC, on the Seville performance: 'Si el teatro es magia, *Coronada y el toro* es magnífico teatro' (Martínez Velasco 1982b)

In his review of the Madrid premiere, the critic from *ABC* (1 May 1982) did point out what he considered to be an inappropriate spatial setting for such a grandiose play. The newspaper found the María Guerrero Theatre to be limiting for a performance that demanded an open, non-conventional space such as a public square or, I might add, something akin to a Roman theatre. *El País* (Haro Tecglén 1982) too was positive overall but pointed out some underlying technical imperfections that could be corrected. This daily was also critical of Manuela Vargas's oral articulation. *Guía del Ocio* (Avilés 1982) noted flashes of brilliant acting but also a general discord between the scenography and the playwright's motives, on the one hand, and the actors' interpretation on the other.

On the basis of the positive reviews of the play, one would expect a fruitful period of scheduled performances by Nieva to follow. But it was not to be. For five years (July 1982 to June 1987) Nieva could not stage a single work. Besides the indifferent political climate and other factors mentioned earlier, Nieva revealed years later what he saw as the root cause of this public silence: envy. 'Todo éxito verdadero', he asserted, 'suscita despecho y envidia. La mejor forma de satisfacer esos rencores es mezclarlos de un modo u otro a la política, que es el albañal de las delaciones y el mejor refugio de Caín' (2002c: 551).[15]

III. *Analysis of the play*

Synopsis

Coronada y el toro dramatizes the story of the confrontation between Coronada and her brother Zebedeo, the lifetime mayor of a provincial town. One day, during the celebrations in honour of San Blas, the town's patron saint, Coronada interrupts the acclaimed bullfighting feast that has just been opened by her brother. With the support of the feminists La Melga and La Dalga, she condemns bullfighting and the repression suffered by the people as a result of Zebedeo's dictatorial powers. She pleads with the city authorities to remove Zebedeo from power and to set Maraúña free from prison. Maraúña has been held prisoner by the mayor for years, being released annually to fight the bull in

---

[15]It is worth noting that *Coronada* was also staged 28–30 April, 2004 by the university theatre group GETA on the occasion of the XIII Theatre Festival of Universidad Politécnica de Madrid. The performance took place at the university's Salón de Actos de la EUIT de Telecomunicación, and was directed by Laureano Moro and Patricia López Rosado.

public. The guards struggle to restrain the mayor from a physical fight with his sister while Don Cerezo, the parish priest, attempts to calm Zebedeo's rhetoric against her. When Coronada's plea is ignored, Zebedeo puts her under house arrest, but when the bullfight finally begins, a male nun called Hombre-Monja emerges from the bull-chute instead of the long-awaited bull. Zebedeo calls for an immediate search for the lost bull, promising severe punishment for the guilty.

The scene changes to the town's cemetery, where some children are involved in a naughty conversation while joyfully urinating on the walls. Meanwhile, in the secrecy of her bedroom, an intoxicated Coronada engages in a masturbatory act accompanied by tango music and a long monologue. Thanks to the lead of a gypsy woman called Mairena, the bull is traced to Coronada's house, where Melga, Dalga, the male nun, and Maraúña are also found to be hiding. Upon his arrival, an infuriated Zebedeo orders the entire group to be buried alive, a command each one obeys by carrying his or her own coffin in a procession to the grave. In a supernatural mood, Hombre-Monja commands Coronada to arise from the dead. She responds, along with the rest, all mounted on a white horse that takes them away. A frustrated Mairena commits suicide using the tail of the bull, which is found dead.

The play's conception of time

In many respects, *Coronada y el toro* is a sophisticated piece of drama. It is rich in intertextuality, humour, and suspense, as well as linguistically audacious. No wonder Nieva claimed this piece was the most representative of his dramas and that it best defined the essence of his dramaturgy in general (1976a: 6–7).

The time frame within which the play is set is extraordinary. The playwright describes it as 'tiempo de España en conserva' (TC 419), that is, canned or preserved time. In this sense, the temporal setting is non-chronological, hence ahistorical, and, as such, it enables the play to condense the rhetorical past and present in its quest for genuine social transformation, the 'aniquilación de la España negra'. The same idea runs through several of Nieva's plays. For example, in *La señora Tártara* (1970), the action is set in eternity, when 'todo sucede entonces, siempre y antes de siempre' (TC 675). Although *Tórtolas, crepúsculo y . . . telón* (1953) is set in the 1920s, the playwright describes the decade, confusingly, as 'un próximo pasado' (TC 119). Again, in the case of *Pelo de tormenta* (1961/72), the plot is situated outside of chronological time: 'Hace mucho tiempo, poco antes del fin del mundo' (TC 174). This concept of time concept evokes Armand Gatti's idea of 'time-possibility', which Marvin Carlson sees as opposed to a fixed and fallacious system of past, present, and future. In Carlson's view, this conceptual attitude to time enables the theatre to show 'an action from many perspectives and without a sense of closure, encouraging its audience to see the world as open to change' (1993: 472–73). It is an idea advanced particularly by postmodern theory, which places a premium on fluidity and adaptability, on balance and pluralism.[16]

The popular

By 'the popular' I refer to folklore and the symbols that serve as the cultural bonds of identity and social life in local communities. In his poetic treatise, Nieva defines the *pueblo*, the lower classes, as jubilant and selfless, the authentic creators of tragedy with a special faculty for understanding symbols. In contrast, the bourgeois class is composed of all who regulate social morality and free will, what he calls the vigilante class (1980: 110). When Nieva was once asked about his notion of popular theatre, he responded that anything could be popular so long as it is entrenched in local roots. In popular theatre, he adds, imagery and symbolism are never constructed as abstract artistic resources but are embedded in the historical context of local traditions (1976b: 62). Along with this complex vision of the popular, Nieva avails himself of two important literary conventions in his construction of *Coronada*: the *esperpento* and the *género chico* (in the tradition of Carlos Arniches and Ramón de la Cruz). The *esperpento*, Valle-Inclán's artistic instrument for exposing what he considered to be Spanish society's deformed outlook, is labelled interestingly by Nieva as 'género chico a lo grande' (1978: 28). This is because Nieva sees the surrealistic critical mode as rooted in Spanish cultural tradition. In his 1990 induction address to the Spanish Royal Academy entitled 'Esencia y paradigma del Género Chico', Nieva divested the popular of all naturalistic connotations and accorded it an emblematic and ceremonial quality. Theatre, especially popular theatre, he contends, is not a calculated and faithful reflection of reality but rather a reality stylized through instinct (cf. TC 1343).

In *Coronada y el toro*, the plot is set in a specific location, an imagined provincial town called Farolillo de San Blas, whose customary norms and conduct carry a palpable rural aura throughout the drama. In this regard, it is important to bear in mind the historical significance of the source of the town's name: St Blaise, the fourth-century patron saint who was tortured to death (cf. note 7, *Coronada* text). Thus, emblematically, the town's name evokes a culture of desecration and brutality, against which Coronada will rebel. In her analysis of the play, Carey Kasten draws strong connections with the Francoist political establishment, positing Zebedeo, whose term of office is for life by his own

---

[16] As the postmodern theorist Ihab Hassan has taught us, a period must be perceived in terms of *both* continuity *and* discontinuity, and postmodernism, he argues, requires both a chronological *and* typological, a historical *and* theoretical definition (1980: 120–21). For his part, Wallace Martin sees postmodernism as a phenomenon in an apocalyptic zone where 'the concepts of linear time and traditional thought simply do not apply' (1980: 145). Still more significant in this connection is Jean Genet, whose ideas influenced and helped propel the avant-garde energy of Nieva's dramaturgy (cf. Genet, *Reflections on the Theatre*, pp. 64–65).

demand, as Franco, 'the ultimate patriarch for the Spanish nation'. This model, Kasten affirms, is a reflection of the Golden Age concept of the divine right of kings, which is often replicated in the *auto sacramental* in order to reinforce a politico-religious order (2012: 122). Gathered in their numbers at the bullring and ready for the annual show are the ordinary citizenry, the sycophantic bunch to which Coronada refers sarcastically as the 'populacho fidelón', made up of individuals such as Mairena, the local priest, the town guards, and the young *jota* dancers who parade their unwavering support around the mayor. Also present are the typical personalities of authority, the vigilantes who shape and control local culture — the political, military, and religious powers, variably named by the playwright 'Alticolocados', 'Potencias Universales', 'Césares augustos', 'Emperadores Provinciales', 'Altezas Descomunales', 'divinas autoridades', etc. The localist tenor of this character line-up resonates with other facets of the drama: setting (the public square), plot (built around the bullfight), and tone and mood (the constant *zarzuela*-like song-and-dance) are all steeped in an atmosphere of irrealism and superstition, and in prohibition and religious practice, and are collectively subjected to patriarchal control.

The symbolism and overall poetic architecture of the play are expressed vividly through the dramatic representation of the 'España negra' (or 'España profunda', as it is called today). In the play, the 'España negra' phenomenon is presented as a problem to be confronted and, at the same time, as a beneficial resource to be relished. The Spain of darkness is the Spain of cultural immobility and ignorance, the Spain of civil guards that pursues its citizens, the Spain of rigid norms that curtails individual liberty, the sexist Spain that makes brothers watchdogs over the honour of their sisters, the nation that glorifies blind obedience to religious and political authority. In Nieva's scheme of things, however, this conservative culture evinces another, more attractive quality: it represents a supernatural universe inhabited by old customs, village feasts and processions, witchcraft and sorcery, irrationality and primitivism. It is a 'tremebundo' arena, in which a surrealist theatrical experience thrives.[17]

A powerful example of the surrealism of the play is the apocalyptic representation of the Dance of Darkness. The dance recalls those macabre Romantic feasts and dances dramatized by José de Espronceda in *El estudiante de Salamanca*, or those narrated by Emilia Pardo Bazán in *La sirena negra*. In *Coronada*, the atmosphere of sinister fantasy created around the dance is wrapped in total darkness, charged with a whirlwind, self-tolling bells, flashes of lightning, stamping of feet, and a procession of mysterious shadows. As if in imitation of Merce Cunningham's dance formula, the *Coronada* dance, *a jota de tinieblas*, releases itself from all formal rigidity, making the dancers appear entranced in a freestyle choreography that borders on the lunatic. In this oneiric

---

[17] In Nieva's other play *Corazón de arpía* (1987) (TC 1256), Músico-Relator uses the word 'tremebundo' in reference to the mythical, delirious belief systems that hang over the play.

ambience, which recalls the apocalyptic *esperpentism* of Valle-Inclán, there are unmistakable echoes of Quevedo, Goya, Verhaeren, Eugenio Noel, and Solana. Even the content of the accompanying choric song by the Voz Cantante reinforces the unsettling nature of the performance:

> LA VOZ CANTANTE (*Recitado en alto y con desespero.*)
> ¿Dónde está la asadura dura
> que me robaste de la sepultura?
> *Pausa y redoble.*
>
> Yo me comí la asadura
> Que te robé de la sepultura [...]
> *Cantando.*
>
> El cuchillo cortapelos
> se me perdió en el tocino.
> A sangre me sabe el vino,
> se han apagado los cielos.
> *Recitado.*
>
> ¿Dónde está la asadura dura
> que me robaste de la sepultura?
> *Pausa y redoble.*
>
> Yo sembré con tu asadura
> la sierra triste y oscura. (TC 437)[18]

Juan Francisco Peña discusses the historical grounding and symbolic significance of the darkness in which the entire end of the first part of the play is immersed, affirming that the blackness reflects the oppression and violence of *España negra* (2016: 233). Let me add that the contrast between light and darkness, effected through the flashes of lightning and the collection of very dense purple clouds, reflects the artistic gist of Baroque and Cubist theatre. In Cubist theatre, the chiaroscuro represents the mysterious and multifaceted dimension of objects and space, and in Baroque theatre this phenomenon tends to reveal the tragic sentiment underlying the drama.[19] In the play, the

---

[18] A prominent feature of Nieva's work is its dramatization of the grotesque, and nowhere is this more evident than in *La vida calavera (Paso de comedia)*, a short play that forms part of the collection of Nieva's early works written in the 1950s titled *Centón de Teatro*. This play is about the good time that four characters (Radisela, Coconito, Rubián, and Leopoldis) have as they glorify perversity, dissidence, and crime. In their conversation, for instance, an allusion is made to the presence of excrement at the bottom of a champagne glass. *Centón de teatro* is as raw as it is amoral in rhetoric, giving the impression of a playwright who, at least at that stage in his career, cared little about what his audience might think. For a study devoted to grotesque representations in Nieva's work, see Maria Falska (2014). Let me point out, however, that Falska's study lamentably excludes the plays contained in *Centón de teatro*.

[19] For further details on Cubist theatre, see J. Garrett Glover, *The Cubist Theatre* (1983).

projected darkness and its apocalyptic phenomena enable the inexpressible and the forbidden to become possible in the confusion. In the process, the stage is transformed into a poetic arena, a *locura inventada* of sorts, where, for a moment, contrasts and ambivalences, affinities and opposites, are all merged into a holistic entity in celebration of freedom from the constraints of logic. As in *Nosferatu*, the notion of the apocalypse that Nieva portrays in *Coronada* is unorthodox. He divests the phenomenon of Christian connotations, that is, he disentangles it from the realm of the Judgement and attaches it to its opposite, what he calls 'el sinjuicio final' (TC 231), a terminal state in which 'la muerte domina, nada será mejor que antes, pero todo será verdad probada y sin revés' (TC 235). In effect, as the spectator watches the revelatory turbulence of this darkness, s/he confronts an emblematic battle between two forces, personified by Zebedeo and Hombre-Monja. Authoritative and judgemental, Zebedeo proclaims the end of time as the hour of due condemnation and punishment: '¡A Juicio Final convoco, pues soy alcalde postrimero y supremo mandalcarajo!', he declares as he condemns Coronada and her band to death (TC 462). From the opposing end, Hombre-Monja — the bona fide voice of the playwright — overturns Zebedeo's authority and motives by empowering the condemned to rise from the shackles of death.

The main characteristics of the *género chico* as a popular dramatic genre are its short duration, its musical accompaniment (in *zarzuela* fashion), the direct and informal nature of its performance style, its humoristic critique, and its low cost.[20] The emphasis Nieva places on this genre's festive quality in *Coronada* reflects that exposed by Domingo Piga in his theorization of the popular. In an essay titled 'Problemas del teatro popular', Piga notes that, linked with folklore, popular tradition always reflects a cultural reality that serves as the basis for a popular theatre. He laments that popular feasts, those that unite a whole community in song, dance, and chorus, have not been exploited nor are they perceived as a people's way of expressing themselves theatrically (1979: 71).

As a rhapsody, a distinct feature of *Coronada* is its merriment. Led by the Voz Cantante as the *pueblo*'s collective voice, the play is filled with song and dance in *verbena* style.[21] Against the backdrop of the mayor's fury and threats,

---

[20] The *género chico* originated in Madrid around the 1868 Revolution in the tradition of the *teatro por horas*. It refers to the one-act play with a one-hour limit on the duration of its performance, but from about 1915 onward the term came to designate only short one-act plays accompanied by music. In her entry under 'género chico' in *Diccionario de literatura popular española*, María Pilar Espín Templado lists the dramatic sub-genres to which the *género chico* gave birth: the *sainete* or *pasillo*, the short *zarzuela*, and the *parodia*. Other modern versions are the *juguete*, the *revista*, and the *opereta*.

[21] The *verbena* — Madrid's version of the *romería* and of the Andalusian *feria* — is an open-air popular festival designed, like the carnival, to transgress the authority of social regulation, something akin to the Greek bacchanal or the Roman Saturnalia. What Nieva proposes in his festive drama is to restore to the *verbena* the attributes he considers lost

the singing and dancing provide a psychological relief, a triumphant sign of the people's will to survive and prevail, what Nieva refers to as 'un elemento indestructible y siempre renaciente' (1980: 111). Even the funeral procession scene recalls a popular customary practice during *ferias* and *romerías* throughout Spain, the processions of Santa Marta de Ribaterme being a good example. These processions and special effects give the play a visual power that brings to light the old Spanish theatrical traditions on which Nieva draws to construct the play: the *comedia de costumbres*, the *entremés*, and the *revista*. In Nieva's other piece *El maravilloso catarro de Lord Bashaville* (1967), Cósima makes the point when, alluding to Lord Bashaville's illness, she reveals the underlying therapeutic value of music: 'La música le ha curado, ¿no es cierto? ¡Ah, la música! No hay mejor terapéutica. No hay crimen que la música no remedie. Si una quisiera, cuántos muertos resucitarían tocando el piano; pero, claro está, constituiría una falta de tacto' (TC 116). In *Coronada*, song and dance diffuse tension, for the music imposes, and provides an outlet for, the pent-up passions of the *pueblo*, who parade their collective strength in juxtaposition to the 'Alticolocados', who remain pinned to their seats like statues as they debate internally the logic behind the loss of the bull and the punishment that must be meted out.

Gender politics

If the Farolillo townsfolk had gone to the public square to celebrate their most popular pastime, they certainly ran into the shock of their lives: instead of a bullfight, they are forced to watch a female commoner's confrontation with patriarchal authority over an untouchable cultural practice — a taboo. What I find surprising is that Spanish critical studies of *Coronada* and reviews of its performance tend to tiptoe around what could be considered this play's thematic centrepiece, namely, Coronada's struggle as a woman and her role as the voice of justice. The tendency has been to focus on Nieva's deconstruction of Spain's mythical and primitive past without dealing headlong with gender as a significant issue of social concern. In my view, this critical gap reveals the long history of an entrenched patriarchal culture in which issues related to gender equality in Spain have been approached as taboo, hence often marginalized in public discourse. In this sense, it might have been easier for many critics to write, say, against Francoism — a self-promoting dictatorial system bound to disappear — than to focus on a rooted systemic sexism, especially if one derives certain privileges from gender inequities (keep in mind that women's rights in general were not recognized by the state until 1963). Thus, it is no wonder that, when it came time (from the mid-1980s onward) to break the silence, it was

amidst modernity: supernatural science, myth and symbolism, communal spirit, and permissiveness (cf. Nieva 1973b: 25).

largely female playwrights and critics who were at the forefront in performing and writing about gender issues.

In order to grasp the rhetorical underpinnings of *Coronada y el toro*, it is necessary to bear in mind not only the particular historical context in which the play was written but also the dynamics of European theatre in regard to gender roles. Basing her approach on Teresa de Lauretis's film studies, theatre critic Jill Dolan notes that, in traditional theatrical representations, there is a tendency to 'objectify women performers and female spectators as passive, invisible, unspoken subjects' (1991: 2). Dolan goes on to say that, in this kind of scenario, women emerge as mothers and are relegated to supporting roles that enable the more important action of the male protagonist. Attractive women performers appear made-up and dressed to seduce or be seduced by the male lead, and while the men are generally active and involved, the women seem marginal and curiously irrelevant, 'except as a tacit support system or as decoration that enhances and directs the pleasure of the male spectator's gaze' (1991: 2). Dolan shows that, in performances that represent the male spectator as an active subject, the feminist spectator is pushed into the outsider's critical position. This is because, whereas the male spectator is encouraged to identify with the male hero in the narrative, the female spectator is placed in an untenable relationship to representation.

Nancy Reinhardt earlier made similar observations in her own study of classical tragedies, asserting that

> Rarely does the proper (normal) female character of classical tragedies or of traditional serious plays take the centre stage as the initiator of the public action [...] Most female challenges to the male will are kept within the domestic interiors — the private comic niches, wings, bedchambers and romantic gardens. (1983: 43)

Writing back in 1977, Hélène Cixous explains why she considered theatregoing tantamount to going to her own funeral, and why she had stopped going to the theatre altogether:

> It is always necessary for a woman to die in order for the play to begin. Only when she has disappeared can the curtain go up; she is relegated to repression, to the grave, the asylum, oblivion and silence. When she does make an appearance, she is doomed, ostracized or in a waiting-room. She is loved only when absent or abused, a phantom or a fascinating abyss. Outside and also beside herself. (1984: 546)

Well aware of the notoriety of this phallogocentric problematic, from the outset of his theatre career Francisco Nieva resolved to write against the current, to break down conventional writing modes by reorganizing the terms of what Reinhardt calls 'the central male space and the peripheral female space' (1983: 44). In the history of Spanish theatre, few male playwrights have been as aggressive as Nieva in advancing the empowerment of women on the stage through sophisticated dramatic techniques. In his conception of the female character, he posits her as a 'víctima superior', an indomitable individual in the face of patriarchal control:

> La mujer aparece, a veces, en mi teatro con un talante de arrogancia que la adversidad no llega a sofocar [...] Es, pues, de observar que el principio femenino, el arcano infantil, la confabulada energía popular arboran para mí como un sentido positivo, tenaz y renaciente, germinal, creacional, rebelde. Por el contrario, el principio masculino aparece sumido en una alienación difícil de superar, pasivo, tentado, zarandeado, propiaciatorio. (Nieva 1980: 113)

Defiant and strong, women take centre stage in Nieva's drama, rarely saying die. In their bold eloquence and *laissez-faire* conduct, these female characters display the full glow of their humanity, questioning the validity of standard stereotypes of their sex. They bully and ridicule men (Garrafona, Otilia, Azul, and Coronada of *Malditas sean Coronada y sus hijas* (1949/1968)), they can be as grotesque as they are profane (Imperia Gavrotti, Ópalos, Tasia, Sor Isena, Sor Praga), they are bold and arrogant, and passionately guard their independence (Lady Whitelady, Blanche de Bressac, Dama Vinagre), they are manipulative and aggressive (Kelly, Zemira, La Coconito), they can be wicked and evil (Cósima Wagner, Catalina, La Reposada), and, as Coronada (of *Coronada y el toro*) proves, they protest against conformity where they find injustice.[22]

In *Coronada*, the playwright raises the stakes in the protagonist's battle against patriarchal domination by making her mount a controversial protest, directed at the most popular of traditional Spanish diversions. Much loved and hated, the bullfight has seen remarkable protests and prohibitions throughout its history, particularly in the sixteenth century, even though bullfighting as it is known today actually began in the eighteenth century.[23] In her condemnation

---

[22] A biographical factor underlies Nieva's defence of women, as explained in his memoirs:

> Mi conocimiento de la mujer proviene de haber sido yo como una mujer y sentido su marginación y discriminación especiales bajo la autoridad del hombre, al que hay que conquistar a cada paso para ganar su condición de sierva. Mi madre me hizo exhaustivo conocedor de las reacciones de rebeldía, de las venganzas y tentaciones desaforadas que pueden pasar por la mente y por los sentidos de las hembras, que pervertían entonces más que ahora la general masculinización de la vida activa. (2002c: 36).

For further details on Nieva's conception of woman and her place in society, see his essay, 'La mujer maldita' (1988b).

[23] José María de Cossío, the pre-eminent authority on bullfights, tracks the jagged history of anti-bullfight outcry and prohibitions, most notably the 1555 petition by the Valladolid Court and its subsequent repetition in 1567 by the Madrid Court that called on the king to ban the festival (1931: 91–98). An important protest document to this effect is Francisco Núñez de Velasco's *Diálogos de contención entre la milicia y la ciencia* (1614), which Cossío cites in his study. The fact remains that the *fiesta brava* has resisted a long registry of

of the traditional bullfight as a cruel practice, Coronada does not mince her words:

> Digo que no hay dignidad y todo es escarnio y mala saña. Esto no es fiesta, sino un puro revolcadero. Ponen bragas a los toros para que mueran en ridículo y les entorchan el rabo con pez ardiente para que iluminen la fiesta por la otra punta. ¿Así bordas tú sobre la tradición, hermano? (TC 421)

She addresses the city authorities with sarcastic hyperbole, positing herself as the voice of progress against that of primitive conservatism:

> ¡Señores Alticolocados, Césares augustos de la provincia!, el estandarte de mi rázon levanto y en nombre de los derechos Tridimensionales y de la Carta Magna; en nombre de la Convención Puericultora de Ginebra y en nombre de la primera Constitución del Parto de los Montes en el Peristilo de Washington, pido con sello de urgencia que se intervenga en esta salvajina descomunada y antihumana. (*Tremolando la palabra*.) (TC 421)

Coronada then requests Zebedeo's removal from office, asks for Maraúña to be released from prison and bullfighting, condemns the subservience of the townsfolk, and exposes the blackmail to which Don Cerezo, the local priest, is subjected. In effect, aware of its high stakes within Spanish culture, Nieva has recourse to the *fiesta brava* as an effective dramatic vehicle for Coronada's call for social justice, which in turn exposes her brother's abuse of power. More importantly, he employs the bullfight, which the philosopher José Ortega y Gasset views as the most authentic survival of the ancient rites (cf. Stanton 1999: 52), as a populist platform for celebrating that which represents for him the attractive side of *España negra* — ritual, myth, irrationality. In this regard, *Coronada y el toro* reflects what Edward Stanton underlines as a distinctive characteristic of Spain vis-à-vis its European counterparts, namely, the vitality of its popular culture, in which past and present live side by side (1999: xiii). The question of whether or not in reality Nieva was anti-bullfight is moot. This is because the subverted *fiesta brava* in this case is not so much the target of attack as are the injustices associated with this annual patronal feast.

In his introduction of Coronada to the city authorities, Zebedeo as a priority draws attention not only to her status as an unmarried woman but also to what he sees as masculine characteristics in her:

> Esta supermoza que me sigue es Coronada, mi hermana mayor que aún no se casó — y difícil lo veo — por giganta y por el mal tino que tiene en ser un poco sabia y mandonera. Pero yo la tengo amaestrada y la enseño para hacer gracia [...]. (TC 420)

That is to say, nicety is an ordained trait of the female, whereas wisdom,

---

protests and managed to thrive, mainly because the number one ritual is seen as an original Spanish cultural practice.

strength, and authority are the reserve of the male. Any reordering of this equation must be condemned and punished. In his frustration, therefore, Zebedeo calls Coronada old, fat, and mad (TC 421), the worst insults one can inflict on a woman. Ironically, his words only serve to expose the inner insecurity tormenting him. The mayor knows very well that his popularity and power are fragile, since they are sustained on the false foundation of repression and a culture of foolish adulation.

In Coronada's agitation for justice, it is the *macho* himself whom she aims to liberate. Notwithstanding the public demonstration of bravery that Maraúña had been expected to stage, he is shaky and swiftly escapes the bullring to join Coronada's band when she and Hombre-Monja cause confusion in the arena. Not only does Coronada's intervention redress the personal injustice committed against Maraúña, it also points to the potential brutality to which all bullfighters are subjected. She reminds Zebedeo that 'El heroísmo y el miedo siempre han ido de la mano' (TC 461) and calls the *fiesta brava* a 'fiesta de miedo', which, in fact, captures the true essence of the Spanish popular pastime. The revolt against the bullfight, which Coronada describes as anti-human savagery, is, therefore, a revolt against the patriarchal establishment. Consequently, the hidden bull's refusal to attack Coronada when prompted could be interpreted as the symbolic transformation of the *toro bravo* into a *toro dócil*, stripped of its *macho* power. On the contrary, the woman, who is expected to be docile, emerges in the end as the stronger, surviving force. In this spirit of defiance and subversion of patriarchy, Coronada compels the spectator to witness the urgency of her shift within the established power models and gender gaps. That is, in her attempt to remodel the power relations that define her identity, the spectator witnesses her dramatic move from the margins into the position of the commanding subject.

Coronada's wilful submission to the bull further highlights an important dimension of the play, namely, its triangular equation between animality, eroticism, and death. In an essay titled 'Doña Muerte', Nieva affirms the following:

> Hay una especie de animalidad inteligente que es plétora de vida, generalmente unida a una fuerte potencialidad sexual. El hombre hipersexuado no teme a la muerte porque no le importa ahogarse en el amor. Amar de verdad es un riesgo mortal. (1988a: 65)

As a symbol of virility, the bull's appearance in Coronada's private quarters carries erotic connotations and, as such, her call upon the animal to attack can be interpreted as her masochistic desire for sexual fulfilment. A reflection of his affinity with Bataille, this human appetite for bestial eroticism is a common theme in Nieva's drama. Take, for example, *Pelo de tormenta* (1961/1972), in which Ceferina offers herself to be devoured by a dragon El Mal Rodrigo, a direct echo of *El dragón líquido* (1950s), where reference is made to a woman who revels in being attacked by the dragon; *Caperucita y el otro* (1968), in which Caperucita gleefully talks about the assault inflicted by Roger the Wolf; or *No es verdad* (1987), a play that dramatizes the fatal attraction of Blanche de Bressac to Eric, the self-proclaimed head of a wolf pack.

The climactic moment in *Coronada* arrives when Zebedeo condemns Coronada to death by self-burial and, thanks to El Hombre-Monja's powers, she rises from the grave. What is striking is that Coronada does not panic when the death sentence is read; she reaffirms her pride and dignity as woman before descending into the grave, just as Antigone does in Sophocles' famous play:

> Lo haré. No tengas cuidado [...] Pueblo consagrado, hermano alcalde, don Cerezo, pastor en baldío: yo soy Coronada, heroína, que entra en la tumba por su propio pie [...] Soy más mujer que delincuente y, por lo mismo, llevo el corazón lleno de novedades, más que un almacén de capital imperio. Soy española y sencilla, pero incomprendida por el tumulto y malfamada por el populacho fidelón. Por esto vuelvo a la tierra, madre de libres gusanos, desnudos como Adán y Eva, donde todos volveremos a encontrarnos poniendo huevos a granel y alimentándonos de balde en comunidad apelotada de paraíso. (TC 463–64)

Note also that, earlier on, when Zebedeo's officers charge her and drag her away for confronting the mayor, Coronada never plays the victim, despite the general public's aloofness, but relies on her womanhood — her independence — as her sole legitimate source of strength: '¡Esto es ir contra todos los derechos humanos y divinos! Pues no creas que allí me voy a estar ociosa. [...] Soy mujer y tengo fe y me sé hacer muy bien el moño yo sola sin ayuda de nadie [...]' (TC 422).

The power politics in play on this occasion should not be overlooked. In her analysis of Coronada's domestication of the bull, Phyllis Zatlin affirms that, whereas the concealment of the female — Zebedeo's suppression of Coronada — is viewed in the play as a sane and expected act, the concealment of the *macho* (the bull) and of his taming is denounced by the patriarchal powers (1996: 311). Let me add that, whereas the condemned woman employs intellectual power to make her case, the autocrat uses physical force to punish those who defy his authority. For example, Zebedeo orders Melga and Delga to be raped, and in doing so he breaks the same code of honour that he had used as an excuse to kill Coronada's boyfriends. The irony resides in the fact that he views cohabiting unmarried women as living in sin, implying that (heterogeneous) matrimony is the ordained path to sexual engagement. As a crime against womanhood, rape transforms coitus as a source of mutual pleasure into a supreme example of male control, worse still when mandated by someone invested with the authority to protect the victim. In effect, Zebedeo wants to subjugate what he considers to be rebellious women through the power of the phallus, the ultimate sign of patriarchy. But his creator, the playwright, frustrates his ambition and foils his efforts by allowing Melga and Delga to mysteriously escape.

The masturbation scene, which closes the first part of the play, is a symbolic act designed to deconstruct a taboo, i.e. the display of sexual feelings. With its outpouring of alcoholic euphoria, this erotic act, in a sense, represents a studied assault on the power of the phallus (that is, it involves sexual satisfaction without a man), proof of Coronada's ability to transform domination into autonomy and liberation.[24] In Marcusean psychoanalytic terms, the ceremonial display is Coronada's way of staging 'a rebellion against the hegemony of procreative, genital sexuality' (Weeks 1986: 166), which patriarchal systems adamantly defend. Against these backgrounds, one may view the dramatic representation of Coronada's erotic act as transcending the specific situation of the protagonist and as casting light on Spanish society and its customary practices in general. Put differently, the problem of perversity does not lie in Coronada. It lies in the source of its outbreak, that is, in Zebedeo's killing of Coronada's boyfriends, for these actions are intended to keep her away from sexual fulfilment, an inalienable right.

In many ways, Coronada's campaign for freedom and justice recalls Blanche de Bressac, the protagonist of *No es verdad*. The daughter of a count, Blanche goes against all norms of aristocratic refinement, embracing instead the savagery of the wilderness. Accused by Pippon, the governess, of being desperate, she thunders with a strange laughter: '¿Desesperada? No siento ninguna desesperación. He pasado frío toda mi vida. Soy una noble, soy una criatura esforzada y recta' (TC 1280). Rather than heed Pippon's suggestion that she should get married (to a nobleman), she falls for Eric, the self-proclaimed head of a pack of wolves, in whose company she develops such beastly tastes as eating raw meat. Her aim is crystal-clear: 'Quiero abastecerme yo misma de libertad y de aventura [...] Necesito darle mi pecho a la nevada para endurecer mi corazón, para excitar todos mis deseos' (TC 1281). And with that resolution, she stands firm against any sign of opposition. When her cousin Erin, believing her to be mad, threatens to send her away to a convent, she takes revenge in the end by joining with Eric to set a wolf on him, a mysterious event that remains a puzzle in the play. Thus, in her eccentric agitation for freedom, Blanche, like Coronada, prevails against those who attempt to protect and perpetuate the conservative order of obedience and domination.

Of course, Nieva's feminist project is not a novelty. It is the legacy of certain

---

[24] This scene recalls Nieva's other play *La carroza de plomo candente* (1971), in which Tomás is born as the offspring of the asexual prince Luis III. Because of Luis's lack of interest in matters of sex, a wedding is arranged between the bullfighter Saturno and Liliana the goat in order to lure the prince. In anticipation of *La carroza*, Nieva had dealt with the same theme in a play he wrote much earlier, in the 1950s, titled *El hijo sin madre, Nacho Tozuelo*. In this earlier play, a parish priest, Don Pito, reveals to a police officer, El teniente Camacho, that Nacho Tozuelo, a notorious criminal, is the son of 'Pito' and 'Pío nono', 'el grande papa' (read 'the Pope'). Don Pito goes on to explain that, during his pilgrimage to Rome, he had a romantic affair with the Pope that resulted in his conception of Nacho, to whom he gave birth upon his return to Spain.

literary voices. But his posture, I submit, is much more aggressive, and the dramatic techniques he employs are better integrated into the theatrical act as a whole. Take, for instance, the case of suicide and the appeal for punishment by female characters who are supposedly stained by dishonour. In García Lorca's *La casa de Bernarda Alba*, Adela commits suicide as a solution to, and a protest against, the social control of her sexual freedom. In Nieva's dramatic world, such an incident would be impossible, or if it were to occur, the character would be brought back to life to immortalize her effort and reclaim her victory over tyranny.[25] Similarly, in Nieva's world, La Novia of *Bodas de sangre* would probably have defended her escape with Leonardo as the ultimate sign of her innermost desire, and would not have begged for punishment.

Besides Lorca, two key male figures who deserve credit for their promotion of the feminist cause on stage are Fernando de Rojas (through his influential dramatic novel *La Celestina* (1519)) and Tirso de Molina (1583–1648), who in the seventeenth century systematically laid the grounds for the creation of a genuine autonomous space in the theatre for Spanish women and for the promotion of anti-clericalism. In the twentieth century, one must mention Víctor Ruiz Iriarte, whose work in the late 1940s and early 1950s set the pace for later developments by female playwrights (cf. Podol 1995). Prior to the mid-1980s, the only prominent female voice in the theatre was Ana Diosdado (1938–2015), but the 1980s saw the emergence on the theatre scene of a generation of women born after 1950, led by María Manuela Reina, Paloma Pedrero, Maribel Lázaro, Pilar Pombo, Marisa Ares, Carmen Resino, and others, all of whom have vigorously promoted the feminist cause. The novelty and activist spirit with which this group broke onto the scene inspired and expanded the space for a wide array of voices working today, from Itziar Pascual and Yolanda García Serrano to Juana Escabias, Gracia Morales, and Lola Blasco to Diana de Paco, and many more.[26]

---

[25] This is also the case in such plays as *El corazón acelerado*, *La magosta*, *La psicovenganza del bandido Nico Foliato*, and *La piedra de sal*, among others. In the last-mentioned piece, in which two sisters, Baldasarra and Tronila, die and remain dead, they nevertheless converse in their permanent state about how much better it feels to be dead and they forewarn Silvio about the dangers of too much living.

[26] More than two decades ago, the Spanish writer and journalist Rosa Montero had seen enough to declare, 'The cliché of Spanish *machismo* is clearly outdated' (1995: 81). Since the death of Franco in 1975, Montero has been witness to the reversal of repressive laws that had fuelled the gender prejudices of her country: without their husbands' approval women could now open a bank account, buy a car, apply for a passport, or even work, and if they did, their husbands no longer had the right to claim their salary. Contraception, divorce, and abortion were legalized. Montero's assertion could very well be an exaggeration, but one can say that the legal loosening of patriarchal laws did generate an air of freedom within the literary domain, including in the theatre, and the rising female energy in theatre practice that one witnesses today is bound to move forward in leaps and bounds. Nevertheless, caution must be exercised, for, as Sandra Ferrer Valero has rightly warned us, the law has put women at the same level as men, but society at large has not yet done so (2017: 317).

The question of gender manifests itself in *Coronada* in another, dramatically stunning form: sexual ambivalence. After a long delay, thanks to Coronada's protests, the event begins, but instead of the ferocious charge of the *toro bravo* from the bull-chute, a clerical transvestite emerges, preaching peace amidst glorious melodic sounds. Her/his feminine mannerisms and looks, particularly the extra-high heels of her/his shoes, contradict the long brown beard s/he is wearing. Claiming to be the son of a woman called Cortapalos and a smuggler called Échale un Galgo, Hombre-Monja belongs to the 'Orden Entreverada', a hybrid religious order into which, in his own words, one Cardinal Malaspina led him. When asked her/his mission, s/he responds that s/he is chasing a vixen that snatched her/his bread away, although s/he does not really show any sign of looking for the animal. Seemingly troubled by the animosity s/he meets, s/he warns Zebedeo and his people of calamities to come and goes on to join forces with Coronada.

The emergence of Hombre-Monja from the bull-chute in place of the bull is as imaginative on the part of Nieva as it is rhetorically stimulating.[27] Her/his appearance on stage as a transgendered Almighty points to a light-hearted yet efficacious deconstruction of a culture preoccupied with fixed representations of sexual identity. Cognizant of the public's discomfort with — if not latent opposition to — gender realities, Nieva adopts ironic humour, in the tradition of Oscar Wilde, as a tool to get to the heart of the matter, to present an alternative way of defining sexual identity. As Jesús María Barrajón once put it, guilt is tragedy and Nieva does not yield to resignation or suicide as an escape mechanism; instead, he employs laughter — what Barrajón calls the humorous distortion of reality — as his ultimate solution (1987: 91). In the stage performance of *Coronada*, the instances that provoke some of the most cheerful responses from the audience are when appellatives are used in reference to Hombre-Monja's double sexual identity: 'Reverendo padre y madre', 'hombre abadesa de confianza', 'madre con barba', 'madre política', 'madre y muy señor mío', 'madre mía de pelo en pecho', 'padre amadrado', 'madre cura', etc. Nieva intends to deregulate the canon of conventional sexual categorization, especially from the platform of linguistic adaptability, a space that enables him to bring together supposedly incompatible elements on stage.

In this open space of possibilities, other established constructs collapse, giving way to new formulations in which diversity takes shape. He destroys

---

[27] Surprise is a salient dramatic device Nieva employs to grab the attention of his audiences. Another good example is *El baile de los ardientes* (1974). In this play, Cambicio, whom the Conde Jorbatán gives in marriage to the noble Orla family, arrives in Naples only to find that, instead of one of the count's daughters, all of whom fall in love with him, it is their father, the Cabriconde himself, who is to become his bride. At first confused, Cambicio eventually agrees and marries the count. For a study of surprise as a theme in Nieva's drama, see Angélica Becker (1971).

to reconstruct. Thus, it should be no surprise when Hombre-Monja suggests marrying Melga and Delga to each other *in articulo mortis* if they so choose. From the dramatic platform, Nieva pronounces the viability of lesbian matrimony, which would in fact become a new social reality in Spanish gender relations in the years to follow. In a humorous yet rhetorically effective fashion, he breaks down the notion of a stable identity that rests on an Almighty whose gender, in the minds of many a Spanish Catholic, is supposed to be male and who is supposed to give his blessing only to man–woman relationships.

The following affirmation by Elin Diamond in her theorization of a 'gestic feminist criticism' could aid the *Coronada* spectator in comprehending the intended effect of the issues raised in the play:

> When spectators 'see' gender they are seeing (and reproducing) the cultural signs of gender, and by implication the gender ideology of a culture. Gender in fact provides a perfect illustration of ideology at work since 'feminine' or 'masculine' behavior usually appears to be 'natural' — and thus fixed and unalterable — extension of biological sex. (1996: 123)

A playwright who wishes his/her audiences to see beyond the stability of gender categorization cannot but stage alternative realities and provoke them to understand what feminists and modern theorists — from Foucault to Juliet Mitchell to Kenneth Plummer and Jacques Lacan — have taught us, namely, that sexuality is not given, but that 'it is a product of negotiation, struggle and human agency' (Weeks 1986: 25).[28] Today, Spanish attitudes to sex and sexuality may be quite liberal, but if one is to accurately judge Francisco Nieva's creative audacity, one ought to do so against the specific historical backdrop of taboos and stern intolerance in which *Coronada* was produced, an environment in

---

[28] Besides women, ordinary people, and homosexual men, Nieva's glorification of the marginalized also involves children. Some examples are Oscar Wilde in *El maravilloso catarro de Lord Bashaville* (1967), Porrerito in *La carroza de plomo candente* (1969/1971), and Balbino in *El paño de injurias* (1974). In these plays, as in *Coronada*, children are divested of innocence and elect to follow a care-free moral code that runs counter to the oppressive obsessions of adults. In the opening scene of the second part of *Coronada*, one witnesses the grotesque misdemeanour of five children who urinate wilfully along the walls of a city cemetery amidst a conversation filled with sheer nonsense, perhaps designed by the playwright to offer comic relief amidst the tense atmosphere, which has been heightened by Zebedeo's fury. In other words, while the dictator is taking life so seriously by beating his head over the rationale and logic behind the loss of the bull, the children have fun doing as they please. Take this dialogue, for instance:

> LA NIÑA PELONA   Tengo ganas de llorar.
> LA NIÑA LISIADA ¿Por qué?
> LA NIÑA PELONA   Porque he perdido mi orina y me siento muy sola.
> LA NIÑA BLANCA   Yo comienzo a tener miedo. Se ha hecho tan tarde que parece que ya no soy la misma de esta mañana. ¡Mirad que si llego a casa y no me conocen! (TC 449)

which any unorthodox expression of sexual identity was frowned upon.[29]

Coronada and the *auto sacramental*

Hombre-Monja's role in the play brings to the fore echoes of seventeenth-century Spanish allegorical drama, the *auto sacramental*. Called 'un barroquismo hiperbólico' by Andrés Amorós (1994: 7), this religious dimension of *Coronada* expresses itself most vividly through the processions and the overall liturgical atmosphere that pervades the play. But Nieva's is a profound reconceptualization of the Golden Age *auto*. If Calderón's allegorical drama was designed to heighten the observance of Catholic conventions, Nieva employs this dramatic aesthetic to raise questions about and engender new formulations around Catholicism. In a formula similar to that of an original *auto*, Hombre-Monja appears toward the end of the play as a *Deus ex machina*, a symbol of redemption with a prophetic message who will restore order and justice.[30] In that regenerative capacity, s/he commands the resurrection of Coronada and her band from the grave and, at the same time, warns Zebedeo and his officers about the consequences they will face if they pursue the resurrected:

> Alzad la vista y miradme. Soy el rescate insensato y glorioso, soy el ardiente entusiasmo de la mezcla y el entrevero, el alegrón de lo imposible y la candonga de los funerales de apagaluz. (*Señalando la tumba, en la que ya ha cesado el chorro fogoso.*) Coronada, giganta hermosa, sal de ese agujero ciego como habrás de ser por siempre, por los siglos de los siglos, en el baño de luz sin tino que es de veras la Gloria Innominable. (TC 465)

> No les sigáis u os fulmino, farolistas, flor de quejido, triste ralea [...] Apagad esos cirios contra el suelo y llorad a moco y baba por esta dicha que nunca imaginasteis. (TC 466)

On one level, this omnipotent intervention by the male nun stands in stark contrast to the trivial, mundane purpose of his presence in the bullring, namely, to find the vixen on the run with his bread. From another angle, the mundane

---

[29] Hombre-Monja's role in the play underscores the important theme of homosexuality in Nieva's drama (cf. Aggor 2005). From the 1990s onward, a growing critical interest in Spanish gay culture emerged, although a complete document on the history of homosexuality in Spain remains absent. I am referring to such authors as Óscar Guasch Andreu (1991), Juan Vicente Aliaga and José Miguel G. Cortés (1997), Javier Gafo (ed.) (1997), Ricardo Llamas (1998), Gustav Malone (1998), José Antonio Nieto (ed.) (1998), and Alberto Mira (1994, 2000). One should also note the outstanding studies in the United States and England by Paul Julian Smith (1992, 1996), Emilie L. Bergmann and Paul Julian Smith (1995), Robert Richmond Ellis (1997), David William Foster and Roberto Reis (eds.) (1996), and Sylvia Molloy and Robert McKee Irwin (eds.) (1998).

[30] Anje C. Van der Naald compares Hombre-Monja to Jesus Christ, asserting that the former's message of salvation is rejected by the Farolillo townsfolk and the latter's mission on earth leads to his condemnation by his own people (1981: 87).

bread s/he is chasing could be viewed metaphorically as the bread of life, the Eucharist, which represents the *auto sacramental*'s locus of inspiration.

Indeed, the image of the Eucharist solemnly appears during Coronada's masturbatory ceremony in the form of a musical disc (containing the tango music of Carlos Gardel), which she sanctifies and plays to grace her erotic act. The stage direction illuminates the point: 'Abrujada por los instintos encarcelados, Coronada hace de aquel disco un pan viático de todos sus demonios, una especie sacramental y comulgante de misa nigromántica' (TC 441).[31] Note too that when Coronada eventually initiates the erotic act, it is a religious icon whom she invokes: '¡Vamos ahora a la función solemne y a la adoración de la Santísima Caraba!' (TC 441); of course, the saint's name is invented. Black Mass instead of High Mass, an orgy rather than spiritual cleansing, this is Nieva's deconstructive formula — very much in the tradition of Genet and Bataille — for his modern theological drama, one in which the moral foundation of the *auto sacramental* collapses and gives way to a ritualistic *auto sexual* where carnal pleasure serves as basis for spiritual stimulation. The Nieva aesthetic is surely a far cry from the dogma-filled *autos sacramentales* that Jim McCarthy describes as the bedrock of the repertoire in the rebel (Nationalist) zone during the Civil War period (2012: 319–20).

In the stage direction that follows Hombre-Monja's command, the playwright makes a reference that is worth noting: 'Ahora emerge la gloriosa compañía transfigurada, con pelucas blancas y sumaria vestimenta revisteril, todos muy guapos y alegando sus derechos a participar por una eternidad en el carnaval de Río' (TC 465). On the surface, the reference to the aim of Coronada and her party to participate in the Rio de Janeiro carnival comes as a surprise, given the context in which it is made. On a more profound level, the idea is that, notwithstanding the atmosphere of gloom, crime, and punishment generated by Zebedeo, the resolve of Coronada and her band to prevail with a celebratory, transformative agenda remains unshaken. In his extensive study of the February carnival (the *locura de febrero*) in the Andalusian region, David D. Gilmore describes this feast (which invariably reflects other forms of Spanish carnivals) as a form of socio-political protest, 'a license for the expression of powerful feelings and impulses normally kept in check by a repressive moral code' (1998: 3). It was precisely for these reasons that Franco banned the carnival throughout his dictatorship; it was restored only with the advent of constitutional democracy. In this context, the subtle reference in the play to the Rio carnival may be Nieva's indirect way of introducing a prohibited theme, one

[31] In her study of the play, Carey Kasten presents Nieva's exaltation of Carlos Gardel and his equating him with the devil as referring to the rejection of the tango in its day for its alleged immorality. She draws a parallel between the censors' criticism of *Coronada* and the attacks on the tango for its explicit eroticism, an attribute that is no longer seen as offensive (2012: 125).

that would surely have drawn the attention of the censors were it expressed in any elaborate fashion.

In the 1982 stage performance, Hombre-Monja's speech is stylized to sound liturgical almost throughout the play, as though s/he were celebrating mass. Likewise, Mairena's agonised wailing at the end of the play is rendered to sound like the closing 'Amen' of a Catholic Mass. Even the chorus shares in the ritual:

> LA VOZ CANTANTE (*Dentro, aunque próxima y tañiendo una campanilla*)[32]
> Vayan palmas
> a las almas
> y sudarios
> a los cuerpos tributarios.
>
> PANZANEGRA Y TENAZO (*Aunados y con mucha unción*)
> Miserere nobis
> velis nolis.
>
> LA VOZ CANTANTE
> El astro es un huevo podre
> rodeado
> de un silencio porfiado.
>
> PANZANEGRA Y TENAZO
> Miserere nobis
> velis nolis.
>
> LA VOZ CANTANTE
> Hago el signo de la cruz
> con la tinta
> que todo dolor precinta.
>
> PANZANEGRA Y TENAZO
> Miserere nobis
> velis nolis. (TC 458)

This exaggerated ritualistic tone, noted throughout the play, is unconvincing, because it comes across as a mockery of degraded ecclesiastical practices, an inversion consistent with the spirit of the old Spanish alleluias, which Caro Baroja highlights as a subversive ingredient fundamental to the Spanish carnival.[33] In his inversion of religious values and practices, Nieva is not opposed to Catholicism — let alone Christianity in general — per se, but against what Juan Francisco Peña isolates as the problem, namely, 'la aplicación concreta, dogmatizada e hipócrita que la iglesia española ha hecho del catolicismo convirtiendo la norma en fanatismo e intransigencia histórica' (2016: 232). Ultimately, then, Nieva's vision of the *auto sacramental* and the carnivalesque aims to enable the audience to engage with these forms of entertainment as instruments of social transformation, encouraging them 'to have a new outlook on the world, to realize the relative nature of all that exists and to enter a

---

[32] *tañiendo*: my insertion of an 'i' to correct erratum ('tañendo") in base text. Cf. note 91.
[33] For a repetition of some of these alleluias, see Rafael Gayano Lluch (1942: 107–11).

completely new order of things', as Mikhail Bakhtin would put it (1984: 34).

As an agent of change, Coronada's astounding resurrection from the sinister forced burial is a symbol of victory for progress and liberty over conservatism. At the end of the day, she, and not Zebedeo, must prevail, otherwise Nieva would be reinforcing the same Baroque and Romantic tradition of the authority of brother over sister in the name of codes of honour. In that case, the playwright would have betrayed his protagonist's progressive commitment:

> ¡Mueran de una vez las fiestas del miedo y de la pena carcelera y hágase otra voluntad en España, donde ya no existan más hermanos que tengan su honra entre ceja y ceja y en donde se den por ley toros blancos que coman en la mano de los toreros y no estos malos bichos de carbón con cuerpo de botijo grande! (TC 443)

In the same vein, the male nun and her/his 'Entreverada' Order (ambivalence, pluralism) prevail against Zebedeo and his dictatorial platform (unilateralism, closure). After all, life is about the ability to rise (Hombre-Monja's command) from the fall (Zebedeo's condemnation). The *fiesta brava*, the chauvinist moment of fake bravery, must yield to a new order, one in which all celebrate in solidarity, with a common purpose: 'Somos el último toro', declares Hombre-Monja. 'Tras de la revelación y la purga de conciencias, vendrán otras fiestas nuevas más conformes' (TC 439). Consequently, in committing suicide with the bull's fallen tail at the close of the play, Mairena symbolically seals the defeat of the power of the phallus and its worshippers (of which she is one). With that defeat, Francisco Nieva accomplishes his goal of 'aniquilación de la España negra' in *Coronada y el toro*.

This edition and others

There are nine different versions of *Coronada y el toro* to date. Of these, two are translations and only one is an annotated edition (for the full list, see the bibliography). The play was first published in 1974 in *Pipirijaina-textos* and this edition served as the base text for Moisés Pérez Coterillo's 1975 collection of plays, Andrés Amorós's 1986 annotated edition, and Nieva's *Teatro completo* (1991). There is practically no variation between Amorós's and Pérez Coterillo's versions. For the 1982 María Guerrero Theatre performance, Nieva created a libretto based on the *Pipirijaina* text but extensively modified the original. These changes were motivated not necessarily by the need to reduce the text for the stage, since new material insertions, sometimes quite dense, appear all over the text. Remarkably, Nieva abandoned the libretto text *in toto* after the stage performance, preferring to return to the *Pipirijaina* version as the basis for all later publications of the play, making one wonder about the original rationale behind the changes. It is understandable why, in his English translation of the play, Emile G. Signes chose the libretto as his base text rather than the original *Pipirijaina* version (note that Signes's translation is included in M. P. Holt's 1985 collection of texts). Signes was probably misled into thinking that the libretto text was superior.

In the version integral to Nieva's *Teatro completo* (1991), the numerous linguistic and typographical errors found throughout the *Pipirijaina* version are corrected. The 1991 version served as base text for a 2002 edition published by Plácido Rodríguez's online Caos Editorial. No variation whatsoever exists between these texts. Juan Francisco Peña's 2007 edition of Nieva's *Obra completa* is a faithful reproduction of the 1991 text, except for a few insignificant changes such as italicization of some words that were previously placed within inverted commas and the removal of parentheses from stage directions that are set apart from speeches, or the male nun's name being spelt out in dialogues instead of appearing as initials. A Czech translation of the play by Stanislav Škoda, published in 2005, was likely based on the 1991 version, but my efforts to locate this text yielded no results.

The present edition, the first annotated edition since the publication of Nieva's *Teatro completo* (1991), offers the most up-to-date version of the play text. It is based on TC but does include the minor changes found in the *Obra completa* (2007). In order not to overwhelm the reader with excessive footnotes, the present edition keeps to a minimum allusions to the play's thematic components. It focuses, instead, on Nieva's verbal coinage, the connections between the play text and its stage performance, and especially on the textual variations that set the present edition apart from previous versions. Hopefully the preceding introductory study complements the textual annotations well enough to facilitate an appreciation of the thematic and aesthetic dimensions of *Coronada y el toro*.

CORONADA Y EL TORO
(RAPSODIA ESPAÑOLA)[1]

Estrenada en el Teatro María Guerrero, de Madrid, el 27 de abril de 1982

Personajes[2]
CORONADA SÁPIDO, gigantona y soltera
ZEBEDEO SÁPIDO, su hermano y alcalde mechado de diablo
MAIRENA, gitana de dolor
DON CEREZO, párroco pueblerino y conforme
LA MELGA Y LA DALGA, feministas espontáneas
MARAÚÑA, torero por condena[3]
LA VOZ CANTANTE, glosador o coro
PANZANEGRA Y TENAZO, alguaciles ejecutivos
EL HOMBRE-MONJA, de la Orden Entreverada
VELLIDO, el retratista
NIÑOS[4]
PUEBLO, embestiado y mimético[5]

---

[1] The subtitle emphasizes this play's musical grounding. It is taken from the French composer Maurice Ravel's orchestral rhapsody, *Rapsodie espagnole*, which was first performed in Paris in 1908.

[2] As is typical of Nieva's plays, several characters are given names with an underlying symbolic value. Sápido means something with a taste (DRAE) and, in the *Coronada* context, connotes 'attention grabber'. Mairena resonates with the names of various Spanish towns, particularly in Andalusia. Melga, a derivative of 'amelga', refers to a strip of land that the farmer marks for spreading seeds proportionally. It is uncertain if Nieva uses this name with any such semantics in mind, especially since Dalga is an invented word that, nevertheless, shares morphological coherence with Melga, her feminist comrade. Tenazo, whether derived from the verb 'atenazar' or the noun 'tenaza', refers to a pain-inflicting instrument, and together with Panzanegra (Black Belly), these two make the perfect pair of social molesters. The male nun's religious order, the Entreverada, is a reference to the insertion of diverse things (DRAE); that is, a hybrid order of things. It is also worth noting that there are two other Coronada characters in Nieva's plays; one in *Malditas sean Coronada y sus hijas* (1949/1968) and another in *El fandango asombroso* (1961). This latter play also contains a character called Maraúña.

[3] 'Maraúna' (without an accent) in all versions of the play, except OC, where the name appears with an accent.

[4] 'Niños' omitted in the libretto (LB), which Emile G. Signes used as base text for his translation of the play. M. P. Holt, the translation's editor, however, even specifies the identity of the five children in DC. Also with no reference to the children are PP and TF, but CC and all subsequent texts include the reference simply as 'Niños'.

[5] LB excludes 'Pueblo' from the dramatis personae, but it is listed in DC with the elaborate

La acción: en Farolillo de San Blas
La época: tiempo de España en conserva

PRIMERA PARTE

Comienza. Sale el alcalde Zebedeo y dice:

ZEBEDEO   Han llegado los festejos de Farolillo de San Blas, pueblo sangrío y de buena cepa, del que soy alcalde perpetuo y por mi voluntad popular (*Trompetazo de ocultis que subraya esta afirmación. El alcalde se arrodilla*.) Señor gobernador de la provincia, con su puro y sus zapatos de mucho lustre; señor obispo reverendísimo, vestido con tantas cortinas; señor capitán de la guardia civil de plomo,[6] yo me arrodillo ante sus divinas autoridades y con la antigua cortesía china de los hidalgos españoles, solicito vuestro permiso para dar la voz en grito del regocijo en el ínterin. Que así comience la marimorena anual en honor de nuestro San Blas, santo de madera de olivo, el más viejo y el más santo de toda la sierra de Mangatoros.[7] (*Saca de una mano a Coronada*.) Esta supermoza que me sigue es Coronada, mi hermana mayor[8] que aún no se casó –y difícil lo veo– por ser tan giganta y por el mal tino que tiene en ser un poco sabia y mandonera. Pero yo la tengo amaestrada y la enseño para hacer gracia... Tiene en dote tres cortijos y muy buenas colmenas de hormigas para hacer luto riguroso cuando se muere algún vecino. ¡Saluda, patosa, persígnate ante los señores y no me des que sentir![9]

---

description provided in PP. TF and CC also follow the PP edition in this case, even though subsequently Nieva himself reduced the description of the townsfolk in all editions, as specified in TC (1991). The same goes for the setting, described as 'Farolillo de San Blas, pueblo serrano' in PP, TF, LB, DC, and CC but reduced simply to 'Farolillo de San Blas' in Nieva's subsequent editions (OC, CE, and TC). Appearing for the first time on the list is Vellido, the photographer's name (cf. OC). What has been consistent throughout all versions of the play is the time period of the action, 'tiempo de España en conserva'.

[6] My punctuation. Inadvertent omission by Nieva, since the comma is placed in the original, PP version.

[7] St Blaise was a court doctor and Bishop of Sebastea in historical Armenia in the fourth century. According to legend, he was forced to flee to the countryside, where he made friends with wild animals and was later martyred. The resonances of cruelty radiated by the saint's name touch off an echo in the broader locality's name, Mangatoros (Bullchute), as an environment of tragedy, thus foreshadowing the dark dramatic action to come.

[8] In the 1982 María Guerrero performance, José Bódalo (Zebedeo) refers to Esperanza Roy (Coronada) as 'mi hermana menor', which actually captures more accurately the dynamics of the relationship between the two characters. It is uncertain whether or not José Bódalo's pronouncement was intentional, since 'hermana mayor' is what was indicated in the libretto and maintained in all subsequent editions by Nieva.

[9] Correction of 'persignate' (without accent) in OC.

CORONADA Zebedeo, me estás poniendo en vergüenza. Discúlpenlo sus señorías. No tiene letras y es muy rudo. Te has caído, hermano alcalde, si piensas que me tienes tan reducida. Con el mayor temblor de mi pecho esperaba esta ocasión y aquí está. Ésta es mi hora. Si salgo, es a pedir clemencia para el pueblo de Farolillo y justicia para tantísimos desmanes que se cometen en él.

ZEBEDEO ¡Traidora, redicha, pies de lagarto! No te perdono este disgusto. No le hagan caso sus Potencias Universales que se debe haber vuelto loca por no casarse en su sazón. Es desazón lo que tiene. El vértigo de las solteras.

CORONADA (*Muy hipócrita y modestera.*) El corazón dolorido y bañado en Alacoques y Sulpicios de nuestra santa religión, eso tengo yo.[10] Sí, Señores. Pido clemencia para tanto desafuero animal como se comete aquí. A don Cerezo, nuestro párroco, le tienen apiñonado de miedo para que no acuse desde el púlpito y le contentan cada año con tres cuarterones de tabaco para San Blas, que no fuma.[11] Un chantaje, como se dice en las novelas. Y entre tanto, cada toro que aquí se lidia trae varias muertes en sus cuernos. Si algún error hemos cometido, para la fiesta estamos sentenciados. A ser valientes nos condenan y aquí torea todo el mundo. Torean los niños en brazos de sus abuelas, que tanto los miman. Torea la banda de música, por gusto de ver saltar el bombo. Torean las viudas para vengar a sus maridos. La religión se tergiversa y ya no hay dignidad ni sentimientos favorables. Hemos dejado de ser chinos, como mandaba la urbanidad española y las antiguas costumbres que heredamos de Hernán Cortés. Todo se pierde y se va por un albollón.

ZEBEDEO ¡Calla, mamancona! ¡Hay que detener a esta loca!

CORONADA Digo que no hay dignidad y todo es escarnio y mala saña. Esto no es fiesta, sino un puro revolcadero. Ponen bragas a los toros para que mueran en ridículo y les entorchan el rabo con pez ardiente para que iluminen la fiesta por la otra punta.[12] ¿Así bordas tú sobre la tradición, hermano?

ZEBEDEO ¡Aquí, alguaciles! ¡Panzanegra, Tenazo, lleváosla, que nos vilipendia y nos pierde! ¡Mala tentación la de traerte!

Entran Panzanegra y Tenazo, típicamente caninos y con la lengua afuera. Se abalanzan sobre Coronada y la retienen, pero ella se zafa de un empellón.

CORONADA ¡Soltadme y no me toquéis, sicarios! Un «detente» milagroso

---

[10] St Margaret Mary of Alacoque (France 1647–1690), is the patron saint of those devoted to the Sacred Heart of Jesus. She was canonized by Pope Benedict XV in 1920. Dedicated to Sulpitius the Pious, Saint-Sulpice is a Roman Catholic Church in Paris that Nieva most likely knew well during his days in the French capital.
[11] 'Apiñonado' is a Mexicanism that refers to persons with a light brown complexion (DRAE). Nieva uses the word vulgarly in the sense of 'damned' or 'screwed up'.
[12] I have changed 'le' to 'les' (in 'les entorchan'). The correct form of this indirect object pronoun does appear as such in PP and LB.

llevo en este escapulario que os va a fulminar a los dos si seguís amagando.[13] (*De nuevo se avanza y proclama*.) ¡Señores Alticolocados, Césares augustos de la provincia!, el estandarte de mi razón levanto y en nombre de los derechos Tridimensionales y de la Carta Magna; en nombre de la Convención Puericultora de Ginebra y en nombre de la primera Constitución del Parto de los Montes en el Peristilo de Washington, pido con sello de urgencia que se intervenga en esta salvajina descomunada y antihumana. (*Tremolando la palabra*.) ¡Que la paloma candil salga a iluminar el mundo de entre las enaguas del Papa y la Paz -que es tan paciente- se tome ya sus derechos y se pidan responsabilidades! (*Alocándose cada vez más*.) ¡Gloria a Dios en las alturas y pies para qué os quiero a los enemigos de la Salud Pública![14]

ZEBEDEO ¿Dónde aprendiste a echar discursos, mala rabadana? Esas ideas de exprés-progreso te van a costar el pellejo. ¿No lo ves? Mira el ceño que te pone la Presidencia Alticolocada. Tú me has querido perder y te vas a llevar un chasco. Mira a los tres supremos mandaderos cómo se consultan entre ellos y se rascan la frente los unos a los otros. Ahora soy yo quien se dirige al Gobernador: Muy Señor mío y Besopiés, ¿qué hago con ella? ¿La degüello en el tajo de la cocina?

CORONADA No te darán ese permiso las más finas autoridades. Son padres de familia con cuarto de baño y con el alma en su almario. Son hijos de sus mujeres y saben quién era Isabel, Agustina, María Pita y Antonia Mercé en su mesa petitoria.[15] Yo también pido con guantes y sé cómo se dirige una a los altiplanos para que le echen una mano de caballeros.

ZEBEDEO Una mano de palo duro es lo que te mereces y una buena condenación a sombra, como a Maraúña.

CORONADA ¡Ahí es otra, señores míos! ¿No saben quién es Maraúña? Pues es un pobre muchacho, hijo de viuda muerta -lo que ya es el colmo de los rigores- , al cual tienen subsistente y de perpetuo en la cárcel por una falta mal sabida, y que dan suelta por estas fechas, por haber dicho una vez que quería ser torero. ¿Y para qué lo libran? Para que quede muy mal y le dé gusto a la afición en sus ganas de fracaso y mala suerte. ¡El infeliz! Por lo menos que le manden a pelear a Mauritania con el ejército y allí muera bronceado

---

[13] *detente*: refers to a clipping of cloth with the image of the Heart of Jesus and the slogan *Detente, bala*, which was used in the Spanish wars of the nineteenth and twentieth centuries, embroidered on the top part of the uniform (DRAE).

[14] This speech depicts Nieva at his best in verbal extravagance, inventing words and evoking all sorts of images in order to raise the stakes and to draw the audience's attention.

[15] The references are to Isabella the Catholic (1451-1504), queen of Castile; Agustina of Aragón (1786-1857), the heroine of the Spanish War of Independence against Napoleon; María Pita (1565-1643), a Galician who defended La Coruña against the English attack in 1589; and Antonia Mercé, *la Argentina* (1890-1936), a famous flamenco dancer.

y fuerte y no con ese color triste, de patata, que tiene de su cochiquera.[16] Pero no. Cuando se acaba la fiesta, a la cárcel vuelve de nuevo. Por esto y por mucho más, pido justicia y que le quiten la vara a este desentrañado hermano alcalde, pues ya me lleva matados con su escopetón de truenos a tres novios en lo que llevamos de invierno. Ésa es su distracción. Y luego dice que no me caso...

ZEBEDEO ¡Alevosa! Con el equipo te has caído. Si los Alticolocados no dicen nada, ya estás sentenciada. Quien calla otorga. (*A los alguaciles.*) Encerradme ya a esa hembra en la casa que le puse de dote, con seis balcones pintados a la calle para que no se asomara. ¡No la vea yo más en mi vida!

Panzanegra y Tenazo la toman a viva fuerza.

CORONADA (*Debatiéndose*) ¡Esto es ir contra todos los derechos humanos y divinos! Pues no creas que allí me voy a estar ociosa. Todas mis quejas bordaré en una servilleta que haré llegar hasta la misma mantelería de San Pedro en Roma, en donde tanto se aprecia la labor de las españolas. Ya me mandarán un San Gabriel que te ponga las peras a cuarto. Soy mujer y tengo fe y me sé hacer muy bien el moño yo sola sin ayuda de nadie...

Sale conducida por los alguaciles, al tiempo que se aparece Mairena, la gitanilla amarga.

MAIRENA ¡Ya te la has ganado, Coronado, merluza fría, bibliotecaria! Ya no volverás a repartir desdenes sobre esta pobre gitanilla que, aunque ande suelta, es muy decente. ¡Viva el alcalde platero! Zebedeo, te estoy muy reconocida por tu asilo y por tu limosna.[17] Bien sabes tú que los gitanos matamos a los mengues del aire y saneamos la atmósfera.

ZEBEDEO (*Presentándola.*) Ésta es Mairena, la gitana que se arrimó a este pueblo por no andar del todo perdida. Yo la tolero, aunque esté loca, porque es patriota.

MAIRENA Y limpia, que no es poco decir. (*Exhibicionista, dirigiéndose al difuso jurado.*) Miren esta faldellina blanca interior, sin un roto y lavada en agua de jara. Díganme si no soy de fiar. Soy lo que se dice una malva rosa, un buen natural, un voy y vengo con pasos dobles que le dan a este pueblo feísimo y chubasquero una alegría que nunca tuvo hasta que yo vine por aquí rodando, atraída por la fiesta de San Blas. Y no le hagan caso a la Coronada. Este alcalde es un padrazo de buen pecho. Honesto él, matador de jabalíes cuerpo a cuerpo y tan temeroso de Dios que ni lo nombra. Su hermana, ésa sí que es una mala montura. Han hecho muy bien sus majestades en ponerle el ceño de visera.

---

[16] More than a recourse to a particular historical event, the reference to Mauritania is most likely sheer play on words: *Maraúña, Mauritania*.
[17] Erratum corrected ('reconocida por por tu asilo' in TC).

Entran de súbito la Melga y la Dalga, a su modo sufragistas de velo y tacón bajero.

LA MELGA Y LA DALGA   ¡Protestamos, protestamos!

ZEBEDEO   ¡Fuera, arpías! ¡Esto es el finimundo![18] ¡El desate de una mala conspiración!

LA MALGA (*Presentándose.*)   Yo soy la Melga...

LA DALGA   Yo soy la Dalga...

LAS DOS   Somos la junta de damas. Somos las remediadoras, las doñas Martas, las suaves y las monjas de casa.[19]

LA MELGA   No somos de las que dan los pasos dobles ni las que siembran el escándalo por esos mundos.

LA DALGA   Y aquí venimos a dar la cara por Coronada, la maestra, la que por todos pide justicia a pecho descubierto.

MAIRENA   Una indecencia; alcalde, te debes poner muy terne o aquí se va a amoñar la fiesta.[20]

ZEBEDEO   Terne es poco. ¿Qué embajada me traéis ahora?

LA MELGA   Oye lo que te decimos. O escucha, si te parece más democrático...

ZEBEDEO   Pues si empezamos con ésas, lo primero es dar mi determinación, que es ésta: ¡alguaciles, ya me estáis desollando a estas Martas si no salen ahora mismo de carrera! La veda queda levantada. (*Se muestran los alguaciles.*) ¿Ahí estáis? Pues, Panzanegra, tú correrás a la Melga y tú, Tenazo, a la Dalga. Llevadlas fuera del pueblo y perdedlas en el bosque a estas pulgarcitas.

LA MELGA   ¿Que nos pierdan a nosotras...?

LA MELGA (*Con intriga concupiscente.*)   Será broma...

LA MELGA   Antes se levantan de un brinco las murallas de Jericó. Tenemos nuestra defensa y nuestro seguro de castidad. Que prueben si son valientes. Se abrirá una brecha en la roca, bajará un rayo con una multa en la punta, nos convertiremos en estatua o cualquier otra ejemplaridad por el estilo.

LA DALGA   Y se arrepentirán de firme.

ZEBEDEO   ¡Qué se van a arrepentir, si no lo mando![21] Ya estoy harto de tanta

---

[18] *finimundo*: an invented word that was changed to 'fin del mundo' in LB and, therefore, pronounced as such by José Bódalo in the 1982 stage performance.

[19] In the Bible, Jesus compares the material preoccupations of Martha (the sister of Lazarus and Mary of Bethany) to Mary's meditative disposition. Melga and Delga align themselves with the proactive Martha but then undercut that spirited image by describing themselves satirically as soft, domestic nuns.

[20] The punctuation after 'Una indecencia' is varied across versions of the play. Instead of a semi-colon, it appears as a comma in CC and a full-stop in PP and TF.

[21] My insertion of 'a' to correct erratum in 'se van arrepentir'.

doñería insurgente.²² ¡A ellas! ¡Sacadles la honra a pedazos!
LA MELGA ¡Infame! ¡Que echen galgos a la Melga!
Sale de estampida.
LA DALGA ¡Que echen galgos a la Dalga!
Escapa. Las siguen muy bien mandados los dos alguaciles.
MAIRENA Le ponen fuera de quicio a este hombre y le sale un pelo de Herodes con tanto incordio.²³ Eso deben comprender las señoras autoridades. No hay que ser recelosos con él.
ZEBEDEO (*Menos resoluto.*) Calla Mairena, que tienes la lengua muy larga.
MAIRENA Pero limpia, como los bajos de mi falda. Mírenme la lengua, señores del jurado, a ver si no es una oblilla de rosa.
La muestra.
ZEBEDEO ¡Fuego terreno! ¡Cállate, o te enchirono a ti también! Si estas divinas autoridades están de acuerdo, no hay sino comenzar el festejo. Demos la señal.

Trompetazo oculto. Se descubre a todo el pueblo que, como sabemos, es escaso y triste, con Don Cerezo al frente, haciéndose una foto con una cámara de cajón y cubridero de tela negra. El alcalde se coloca en medio y tapa a todos con su corpulencia y su capa. El fotógrafo prende el magnesio, que sólo hace un chisporroteo insuficiente.²⁴

EL RETRATISTA Ésta es la tercera que se nos funde. Don Cerezo, como no bendiga usted el magnesio, las fotografías se nos malogran este año.
ZEBEDEO Pues que sirvan las del año pasado y corra la tradición barata. Don Cerezo, tome usted sus tres cuarterones de tabaco para San Blas y quémelos con parsimonia, que sus incensarios me están resultando muy voraces.
DON CEREZO (*Tomándolos.*) Gracias, hijo. Dios te lo aumente en cerillas y te suelte mucha caza por el monte en este año y que puedas saludar muchas mañanas a escopetazos. Pero no hagas tanta liquidación de los novios de Coronado o los colmillos de esa moza te van a minar el pueblo.
ZEBEDEO ¿Qué son esas insinuaciones, Don Cerezo? Mire que si yo me remonto, San Blas ya no fuma más.
DON CEREZO ¡Hijo, qué genio de Nagasaki!²⁵ Ya sabes que cuanto digo y

---

²² *doñería*: invented word referring to Melga and Dalga as female advocates of the feminist cause.
²³ Herod the Great (c. 73 BCE–4 BCE) was appointed as the king of Judea by the Romans and portrayed in the Bible as a tyrant. He built extensive fortresses and great cities, but his later years were marked by mental instability and cruelty, as he murdered his wife and her mother, along with several other close relatives.
²⁴ The last sentence of this stage direction includes an insertion in PP as follows: *El fotógrafo -que a su vez es uno más de los cinco ciudadanos- prende* [...]
²⁵ In LB, Nieva changed this sentence to '¡Hijo, qué genio tan huracanado!' With this new

afirmo lo hago sólo interinamente y el obispo me lo revoca si tú lo pides.

MAIRENA (*Al fotógrafo.*)   Vellido, hazme una foto en movimiento y sácame propia el alma. Que se me oiga reír de la Coronada, sin novio y creciendo sin parar, la desgraciada.

ZEBEDEO   ¡Fuego terreno! No perdamos más el tiempo y traigan la manga de toros para que la vean los Señores Emperadores Provinciales. (*Reverencia.*) Nos la ha instalado un chalán que corre por estos breñales haciendo negocios de ingeniería festiva. Un mozallón con el pecho de borra que bebe aguardiente con paja y es amigo mío. No hay otro que más entienda de la fiesta torística.

El pueblo hace avanzar la cañería de sucia lona, mantenida con aros, por la que se han de servir los toros de la dehesa al consumidor.

EL PUEBLO   ¡Viva la manga de toros!

LA VOZ CANTANTE   ¡Viva la morena fiesta y Farolillo de San Blas!

EL PUEBLO   ¡Viva el rico Zebedeo!

LA VOZ CANTANTE   ¡Viva la morcilla asada y las puñetas en vinagre!

Aplausos con desmayo.

ZEBEDEO (*Mostrando la manga de toros.*)   Ésta es la cañería sanguinosa por donde el toro nos entra, ambicioso de tragedia desde la dehesa, y es de tan capaz desarrollo que la podemos llevar a cualquier lugar en donde sorprenda y haga estrago. El mejor modo de servir los toros a domicilio. Es el tubo de la risa de la hombría y el desplante. Escuchad ya si no se oye por ahí algún trote que ponga los pelos de punta. ¡Y traigan a Maraúña, que quiero verle y darle a que se limpie la honra con alguna buena oportunidad! (*Aparecen de nuevo los alguaciles derrotados y cansinos.*) ¡Eh! ¿Ya estáis ahí vosotros? ¿Qué habéis hecho de esas dos escapadizas, la Melga y la Dalga?

PANZANEGRA   Señor alcalde mayor, a pesar de tus órdenes sumarias, ha habido milagro.

ZEBEDEO   ¿Milagro dices? Aclara eso, Panzanegra, o te arranco las insignias de autoridad.

PANZANEGRA   Un milagro de temblar y de hacer creer que también hay alguaciles que tienen carne de gallina.

ZEBEDEO   Hoy todo sale contrario. Alguien nos la quiere jugar de puño cerrado. Don Cerezo, ¿no será usted, con su cara de buena persona?

DON CEREZO   ¿Yo? ¡Dios me libre! Yo no mando en los milagros. Los milagros se hacen solos y son científicos.

MAIRENA   Un desplante de San Blasillo, para lucirse en su día. Pero no hay

referent in mind, the association with Nagasaki — the Japanese city upon which US forces dropped an atomic bomb during World War II — becomes easier to decipher: the latitude of Zebedeo's genius is cast as potent yet destructive.

derecho para tanto favorecimiento con esas dos pécoras tundidas.

ZEBEDEO ¿Qué ha pasado?

PANZANEGRA Pues, en resumen derechero y sin circunvalaciones, que se han librado saltando un valladar de dos metros en las volandas del aire arrebatadas y allí detrás se han puesto a cantar con una voz pajarera muy dulce:

> Santa Inés, la arrobadora
> nos ha salido fiadora.[26]

Y hasta se acompañaban en el estribillo con el son de unas castañuelas que no llevaban antes.

MAIRENA ¿Así que no ha sido San Blas? Se han saltado las lindes del otro pueblo y han ido a que les hagan el milagro fuera. ¡No tienen vergüenza!

ZEBEDEO Eso no ha sido milagro y vosotros sois unos malos peines. Las castañuelas las han arrancado de un árbol, ¡ignorantes! En el término de Civilones se cultiva el castañuelo. ¿O es que no sabéis de agricultura? Andad, inútiles, y sacadme a ese cautivo de la cárcel. Ya debe de estar maduro para darle de cara a su destino.

El pueblo se anima fatalísticamente, husmeando la tragedia. Van por el preso los dos alguaciles, y la Voz Cantante se arranca con una casi saeta fundida en jota.

LA VOZ CANTANTE   A la roja mancha
que se ensancha.
A la negra negra vela[27]
que se cuela.
A la Najalandia me voy
en el maldito convoy.[28]
Doy
mi luz
si sale cruz.
Tus
manos

---

[26] In LB and the 1982 performance, these lines, pronounced by Tenazo (and not Panzanegra), specify the saint as Santa Marta. Santa Inés could be a reference to St Agnes of Rome (c. 291–c. 304), the virgin-martyr of several churches and the patron saint of engaged couples, virgins, and rape survivors, among others. Amorós believes that Nieva was probably evoking the image of Santa Inés de Montepulciano (d. 1377), who was famous for her supernatural phenomena (1986: 111).

[27] In PP, this line appears as 'A la negra vela' and yet all subsequent versions, including those based on that text, repeat the word 'negra'; in LB, a comma separates the two words.

[28] *Najalandia*: invented word. In Caló 'najarse' (a derivative of 'nachar'), means 'to leave' or 'to flee' (DRAE). Thus, 'A la Najalandia […] convoy', sounds like a movement toward a destination from which one wishes to escape.

danos,
Jesús.
¡Viva Cristo Muerto y Maraúña rescatado...!

TODOS   ¡Viva...!

Traen a Maraúña, mozo consumido y con un traje de torero que es un puro desperdicio. Lleva la soga al cuello, mantenida por los alguaciles, y las manos esposadas con un cordelillo. Llega al centro, saluda a los presentes y luego, arrodillado, baja la cabeza ante el público.

MAIRENA   ¡Vean ustedes qué dolor de mozo en cárceles, con treinta años y un pecho que ya no es sino un cestillo de huesos! Declara tus penas, Maraúña, echa el soplo de la compasión, que andamos muy deseosos de soltar una lágrima. En este pueblo todos somos simpatizantes.

MARAÚÑA   (*Con la vista en las alturas.*)   A la autoridad me remito por haber nacido pelele. Y ofrezco mi flojo resuello a sus Altezas Descomunales. Autoridades civiles y milicia de cielo y tierra: Aquí llega Maraúña, a rastras de su modestia,[29] a brindarles el peor toro de la dehesa, aunque –como el otro año– haya sido armado con el cruel añadido de dos navajas barberas. Por eso, si he de morir incontinente quiero que hoy sea sonado mi brindis y después llueva ceniza en España: Brindo por la mar serena que no vieron mis ojos nunca, por la silleta del rey en que me han de llevar los ángeles, por el refresco de las nubes y por los ojos estrellados de María Santísima. Brindo por mi traspaso a los Cielos y por el baño de merengue que me voy a dar allí. Y digo para terminar que moriré como sumiso collón para complacer a la asamblea y por purgarme la culpa de no haber nacido con alas.

MAIRENA   Eso hubieras querido tú, veleta, para emigrar a Disneylandia.

ZEBEDEO   Pues ¡mueran los pesimistas! ¿Para este brindis de gorigori te hemos sacado de la cárcel?

DON CEREZO   Tiémplate un poco, Zebedeo, y agradezcamos a este pobre desvalido que nos haya puesto el corazón en un puño. Se le ven las intenciones de irse por lo derecho hacia la estantería divina.

MAIRENA   ¡Jesús, qué heroísmo! Todo el pueblo está en un sollozo.

Por el contrario, el pueblo ríe cavernosamente.

LA VOZ CANTANTE   A ver si esta vez te luces, Maraúña. Ya sabes que si no mueres vuelves derecho a la cárcel, a lamerte las heridas y la derrota.

ZEBEDEO   No se os escape la soga, no sea que al verse libre pierda todo su postín y salga por pies.

PANZANEGRA   ¡Alerta, alcalde! Esa manga lleva un bulto enmorcillado. Parece que se oye un trote. Si deshacemos ese nudo, pronto aparecerá por ahí alguna fiera destrozante.

---

[29] My punctuation. Comma was appropriately inserted in PP.

ZEBEDEO   A su hora en punto ha venido. ¡El miedo no es de este pueblo! Que salga y le veremos la jeta al imprevisto. Tú le recibes, Maraúña. Y vosotros, encaramos si podéis a los lucios del aire. No cierro yo el paso al desastre, como me llamo Zebedeo Sápido.

Todos se apartan y se arrodillan.

LA VOZ CANTANTE   Toque la campana vana
con un badajo de trapo,
que la muerte tiene frío
y con mi capa la tapo.
Silencio y decid amén,
que la den
sopa en vino
y la paseen
de relleno en su camilla[30]
por el ancho de Castilla.
No se nos muera la muerte,
vecinos,
a ver si hay suerte.

TENAZO   ¿Deshago el nudo?

ZEBEDEO   ¡Adelante! ¡Que venga el trueno!

Movimiento. Tenazo descorre el nudo de la manga de toros.

LA VOZ CANTANTE   ¡Ésta es la fiesta del miedo y no debe haber escatimo! ¡Vecinos, a subirse en cualquier palo gallinero y a disfrutar, que es San Blas!

MAIRENA   Maraúña, acuérdate de tu madre, que estará devanando madejas con SantaAna y puede recomendarte.[31]

ZEBEDEO   Ya puedes templar la espada y envenenar ese pulso.[32] De lo contrario, otra vez toreas con los pies atados.

La manga de toros se estremece e insinúa un bulto que, a medio camino, se detiene.

---

[30] In all versions of the play prior to 1991, the word 'relleno' appears as 'rellano' (landing or flat territory) which, in this context, does not make much grammatical sense. The PP version must have been an error, which, when corrected in TC, makes sense; in this context, 'de relleno' means 'fully, satisfactorily'.

[31] St Anne is known as the mother of Mary and grandmother of Jesus, according to apocryphal Christian and Islamic tradition. Born in Constantinople in 50 BC, Anne was said to have fled the city to avoid marrying Agarenus, whose proposal was backed by Emperor Basil of Macedonia. She lived as a hermit in Leucadia, Epirus, until her death in 918. This intertextual reference reinforces the supernatural realm within which the martyrdom of Coronada takes place in the play.

[32] In all versions of the play prior to 1991, a preposition was inserted in this sentence to read, 'envenenar en ese pulso'. The entire speech is omitted in LB.

Figure 2. José Bódalo, as Zebedeo, and guards in *Coronada y el toro*. María Guerrero Theatre, Madrid, 29 April 1982. Photo by Manuel Sanz Bermejo, courtesy of Centro de Documentación Teatral, Madrid.

TENAZO   Parece que se ha puesto remisa la fiera y no sale. (*Le da una patada al bulto y, en vista de lo incólume que se muestra, le atosiga con la punta de una navaja.*) Se puede que algún pinchazo le dé el alegría torera.[33] ¡Ya se cantea! ¡Ya viene!

Entra por la manga el Hombre-Monja vestido con unos andularios, toca y velos negros; pero su apariencia y sus modales femeninos se desmienten o ponen en duda a causa de una larga barba castaña. El pueblo se desencarama con la sorpresa.

EL HOMBRE-MONJA   ¡Alto, hermanos!

MARAÚÑA   ¡Es el indulto o es San Blas!

MAIRENA   ¡Macarena sevillana, qué facha la de este hombre! Causa respeto.

ZEBEDEO   ¡Eh! ¿Quién es usted y por qué toma esta vereda encañutada sólo para los toros de la dehesa?[34]

DON CEREZO   Aquí hay misterio sagrado. Me lo estaba viendo venir por corrección. Aunque parezca Verónica mal comparada, si sale con esas barbas, también puede ser San Blas.[35]

EL HOMBRE-MONJA (*Con dulzura ejemplarizante.*)   A puyazo limpio se me recibe en estos yermos humanos. ¿No hay atención para el peregrino descaminado? Farolillo, pueblo sin luces, despeñadero serrano... (*Saludando.*) Señorísimos de sobretejas, alcalde y párroco, yo soy, si queréis saber, el Hombre-Monja, de la Orden Entreverada, que bandeándome por estos senderos iba en cumplimiento de mis misiones y siguiendo a una zorra que se me llevaba un pan en la boca.

MAIRENA   ¡Jesús! ¡Un hombre-monja en seguimiento de una zorra! La de extrañezas que trae el mundo.

ZEBEDEO (*Juntando el ceño y amoscado.*)   Algún escape debe tener el tubo manguero, porque zorra no hemos visto pasar. ¡Todo se nos da contrario este año!

---

[33] In all versions of the play, the definite article in this sentence is 'el' as it appears above, although grammatically it should be 'la'. Nevertheless, when it comes to Nieva, it is hard to know what he has in mind, and so I suspect that his use of 'el' is a vulgarism (in use or invented) intended to reflect the brutal conduct of characters such as Tenazo and Panzanegra.

[34] The adjective *encañutada* was a later introduction by Nieva (cf. TC, CE, OC). This word first appeared as *encautada*, obviously an error in PP. Pérez Coterillo and Amorós corrected the erratum as *encantada* (enchanted) in TF and CC respectively. In LB, the phrase became 'ese pasaje encantuado' but rendered correctly on stage as 'ese pasaje encañutado'. DRAE presents *encañutar* as a derivative of *encañar*, which it defines as collecting or compiling reeds for various purposes (e.g. roofing or supporting plants). Thus, 'vereda encañutada' means 'a reed-filled path'.

[35] The patron saint of laundry workers and photographers, St Veronica is known in the Catholic Church as the woman who offered a piece of cloth to Jesus to wipe his face on the way to his crucifixion. The image of her act of compassion constitutes the Sixth Station of the Cross.

DON CEREZO — Misterio hay. Zebedeo, cuida que tu chalán no nos haya estafado. No me fío yo de esta modernidad de servicio. En el mejor de los casos, algo fuera de costumbre te quiere escamotear la fiesta, conchabándose con tu hermana.[36]

MARAÚÑA (*Al Hombre-Monja.*)   Reverendo padre y madre, ¿no era mi indulto el que traía?

EL HOMBRE-MONJA   ¿Indulto? ¿Y quién va a indultarme a mí? No, hijo, el mundo está más que perdido. ¡Ay, Jesús María!

DON CEREZO   ¿Nos dirá su reverencia cuál es esa Orden Entreverada de la que no tengo noticia?

EL HOMBRE-MONJA   Don Cerezo, ilumine esa pupila y míreme bien y con tiempo. Yo soy aquel chaval, hijo de la Cortapalos y de aquel contrabandista que llamaban Échale un Galgo, y usted me tuvo en sus rodillas y me trató con bastancia muy antes de tomar el velo.[37]

DON CEREZO   ¿Tenido yo en mis rodillas a un hombre monja? (*Un tiempo.*) Ya te adivino. ¿No eres tú aquel chico romillo, con muchas pecas lentejas por la cara, que ya sabía hacer vainica antes de saber leer y pintaba a las gallinas con purpurina? Saliste como un puro antojo de la naturaleza y eras la peor desazón de tu madre.

EL HOMBRE-MONJA   La misma soy. Crecí con muchos dolores de cabeza y con tales angustias de corazón y ansias de traspasar la velocidad del tiempo que me fui a Roma en busca de un socorro. Y allí lo hallé, don Cerezo.[38] El mismo cardinal Malaspina me condujo de su mano con amatista a la Orden Entreverada y salí doctora caminante y Magdaleno selvático, de los que van amansando al mundo en su locura.[39] Y así he vuelto a estos breñales, que fueron mi cuna, haciendo periodismo sagrado para la Orden. ¡Ay, Jesús María!

MAIRENA (*Súbitamente penetrada por una fe escatológica*)   ¡Al fin ha llegado un Santo y un hombre abadesa de confianza! (*Arrodillándose ante él.*) ¡Sálveme usted de esta vida, madre con barbas, y explíqueme por qué vivo aperreada!

---

[36] *conchabándose*: *conchavándose* in all versions of the play, likely a misspelling. The entire speech is different in LB. As used by Don Cerezo, *conchabándose* is akin to 'in complicity with'.
[37] *bastancia*: invented word, meaning 'abuntantly well'.
[38] *hallé*: my correction; accent omitted in TC.
[39] In evoking the Malaspina family name and adding to it the title of Cardinal, it is unclear if Nieva is referring to Alessandro Malaspina (1754–1810), of Italian parents, who became a captain in the Spanish Royal Navy and undertook scientific missions around the world. Upon his return to Spain in 1794, he was promoted to the rank of brigadier but was later arrested and sentenced to ten years' imprisonment. He later died in prison as a victim of a possible plot.

LA VOZ CANTANTE (*También esperanzada*)
> Un peregrino ha llegado
> con la novedad en el cuerpo,
> con la solución en el dedo,
> a curarnos del mal estado.
> ¡Vecinos, hacedle un cerco!
> ¡Vecinos, hacedle un lado!

DON CEREZO   ¡Silencio! ¿No vendrá su Reverencia a darnos algún disgusto vaticano por sospechas de incumplimiento?

ZEBEDEO   ¡Alto ahí! ¿Qué sospechas pueden ser ésas? El pueblo de Farolillo tiene ya su apaño y respira como la rana que saca la bocaza del charco. Estos van a ser ahora predicaciones e incordios que nos van a chinchar el festejo. Como si lo viera. ¡Coronada, es obra tuya y del partido de las Martas!

MARAÚÑA   ¡Ay, madre política!, ¿y no tiene usted noticia de algún penal entreverado en donde pueda arrancarme de este compromiso macho de matar toros con la soga al cuello?

ZEBEDEO   ¡Maraúña, como aflojes en valor te ahorco!

LA VOZ CANTANTE (*Suplicando.*)[40]
> Madre cura, el pueblo entero
> se lanza a perder la faja.
> El Cielo nos da de baja,
> tenemos llagas pestosas,
> nuestros ojos un tintero,
> poca tripa, magras posas,
> la tiña bajo el sombrero...

ZEBEDEO   Calla, majadero, y no te vanistoríes más en coplas o te embucho en el calabozo con Maraúña![41] ¿No van a finar las contrariedades? Madre del yermo, ¿a qué ha venido, si se puede saber? Ni su zorra ni su pan han salido por ese canuto. No quiero más novedades en mi concejo. Siga su camino y no me entorpezca la fiesta que debemos cumplir por designio.

Comienza a oscurecer. Un viento sombrío se va apoderando de todo.

LA VOZ CANTANTE (*Tras unos compases de espera.*)
> Se nos acaba la tarde,
> la luna con sus cabrillas
> por el caminito arde...

---

[40] A substantial portion of this dialogue, beginning with La Voz Cantante's song down to Zebedeo's speech ('¡Esto es la revolución [...] no queremos más filuterías ni más implanto de órdenes'), was omitted in LB and, subsequently, the 1982 stage performance.
[41] 'Vanistoriar' is Nieva's invention in which he merges *vano* with *historia*. By 'no te vanistoríes' he means something akin to 'don't make up vain stories'.

ZEBEDEO   ¡Calla, pastor de Belén, o soy yo quien te va a poner en solfa y le vas a cantar a tu difunta madre en el cipresal de la pelona!

LA VOZ CANTANTE
>A Belén a comer torta
>quisiera ir, no me importa.

ZEBEDEO   ¡Esto es la revolución, la llegada del Anticristo y el parto montés! Don Cerezo, no me diga usted que Dios aprueba tanta incomodidad. (*Al Hombre-Monja.*) Y usted, madre y muy señor mío, vuélvase a su Orden Entreverada por el mismo tubo que ha venido, que aquí no queremos más filuterías ni más implanto de órdenes.[42]

EL HOMBRE-MONJA   ¡Jesús María! ¿Así van a extraviarme de mi deriva sagrada? Yo voy dando soluciones de urgencia y el alto el fuego forestal. La conciliación sobre todo.

ZEBEDEO   Aquí no hay que conciliar nada ni se nos quema la cosecha. ¡Fuera y a paso largo!

DON CEREZO   Zebedeo Sápido, prudénciate y no te pases.

ZEBEDEO   ¡Pues me paso y nunca llego! ¡Éste es mi pueblo! ¡Que se vaya! Panzanegra, Tenazo, ahora mismo quiero ver cómo le dais una carrera al profeta.[43]

MAIRENA   ¡Eso es ya escupir contra el Cielo…!

MAIRENA   ¡Padre amadrado, no se nos vaya sin sacarnos de penas!

LA VOZ CANTANTE (*Sin poder deshacerse de su fardo coplero.*)
>¡Nos echan al Bienvenido!
>¡Lo correrán por el tubo!
>¡Nuestro castigo es sabido,
>un castigo jamás hubo
>que fuera tan merecido!

ZEBEDEO   ¡Pueblo de Farolillo, aunque revientes en coplas, aquí soy yo quien dispone! ¡Fuego terreno!

DON CEREZO   Zebedeo, pide al menos la venia de los Alticolocados. Mira que, si te pasas de alcalde, te puedes fraguar la desgracia.

ZEBEDEO (*Haciendo visera con la mano para vislumbrar.*)   ¡Maldita sea la mar seca! ¿No lo ve que ya se han ido? Se han largado compadeciéndonos, a rodar por carretera lejos de este breñal sin fiestas. ¡Se nos ha lucido el día!

DON CEREZO   Cálmate, Zebedeo. No quieras prolongar la fiesta si te sale podrida. Un día tenía que cumplirse en que no llegase el toro de siempre.

ZEBEDEO   …Y que llegase en su lugar un hombre monja con todo su paripé a

---

[42] *filuterías*: invented word, perhaps derived from *fallutería* ('fallutear', i.e. 'traicionar'), meaning 'hypocrisy' or 'betrayal'.
[43] *dais*: accent incorrectly placed on word in TC.

conmocionarnos.⁴⁴ ¡Pues no lo aguanto!

DON CEREZO   Contraórdenes del cielo y cambio de sino. Si te resistes, te va a costar la torta un pan.

MAIRENA   Un pan que se comerá cualquier zorra. Esto va a ser una vergüenza.

ZEBEDEO   A mí no se me contraordena ni se me pone en vergüenza. El hombre-monja se va del pueblo o le acogoto con mis manos. ¡Inútiles de alguaciles! Y pensar que os he criado a mis pechos sin ser alcaldesa...!

EL HOMBRE-MONJA   No hablemos más. ¡Nadie es profeta en su tierra, hermanos! La Orden Entreverada tiene por buena costumbre el someterse resignada en los combates del fiero mundo. Ya le llegará el desengaño. Yo bendigo a la asamblea y me voy, pero anuncio con dedo barométrico la llegada del mal tiempo para este lugar sin entrañas y me corro por donde vine, repitiéndoos la sentencia que el buen ladrón dirigió a su compañero relajado: Al freír será el reír.⁴⁵

El Hombre-Monja se retira por el tubo, muy digno y dejando tras de sí un suspenso de silencio y de incertidumbre. Avanza la oscuridad y el viento de contrapelo se hace sentir más francamente. Zebedeo se encara con el pueblo postrado.

ZEBEDEO   ¡Si seréis desagradecidos! ¡Como sigáis así de mohínos no voy a tener más remedio que dispararme! ¿Habéis oído?

El silencio humano le responde con suficiente elocuencia. Don Cerezo se sienta en un sillón, de uno de cuyos brazos cuelga una bufanda, y con ella se arropa el cuello.

DON CEREZO (*Tras una pausa.*)   Venga mi bufanda. Hace viento. Se les enfría el corazón a estas sierras por falta de carreteras y buenas comunicaciones. No llega la calefacción de Madrid. ¡Somos unos pobretes, por más que se diga!

ZEBEDEO   ...Y con esta falta de alegría nos vamos desacreditando cada vez más.

MAIRENA (*Se sienta en el suelo y mira el infinito celeste con la mayor melancolía.*) ¡Uff! De chica me vine sola corriendo mundo por seguir a una mariposa negra y ahora no puedo encontrar el camino de vuelta a Granada. Lo habrán borrado los turistas. Aquí nadie sabe lo que es una zambra. Se creen que todo lo remedia la jota.

ZEBEDEO (*Dando pasos inquietos.*)   En todo esto anda por medio la Coronada y su retén de malas arpías.

MARAÚÑA (*También vencido en el suelo y picado por la esperanza, visto lo mal*

---

⁴⁴ *paripé*: Caló word, from *paruipén* (change or exchange), meaning pretext or simulation (DRAE).

⁴⁵ *al freír será el reír*: a Spanish proverb meaning that certain behaviours carry costs and consequences.

que se da la fiesta programada.) ¡Mozos, aflojadme un poco el gañote y esperemos otra oportunidad! Siempre habrá tiempo para morir, ¡qué leñe! *(Dos sombras del pueblo, tocadas por un algo de misericordia, atienden a su petición. Mientras tanto, Maraúña alza igualmente la mirada al cielo ya trémulo de la tarde)* ¡Qué cielo raso, Señor de los Mártires!

DON CEREZO   Raso y tranquilo. Ya está el Lucero haciendo guiños. Cuando yo era chavalito no se le podía resistir de luminoso. ¡Daba cada estallido los días de fiesta! Se le oía desde aquí, y mirad si estamos lejos.

MAIRENA *(Como buena recepcionista del misterio.)*   Ésta es la hora del repeluco. Ahora empieza a cabecear el romero porque le cosquillea la sombra. ¡Jesús, qué tristeza! No sabe una en qué pensar. ¿Qué habrá hecho del pan esa zorra?

MARAÚÑA   De seguro que no lo llevaba de regalo a una gallina.

El pueblo es un cúmulo de negros bultos, que bandean lentos y con la ingravidez de los sueños.

DON CEREZO *(Bostezando.)*   ¡Ay, España, qué mal servicio de fiestas tienes ya!

MAIRENA   Usted lo ha dicho, don Cerezo. Por ese tubo no corre más ni una mala domingada. Ni siquiera un son de pito. ¡Qué silencio!

LA VOZ CANTANTE   Silencio de emigración. Los moros y los cristianos se marcharon, de consuno, a Nueva York.[46] Allí es donde se rompen las lanzas ahora. Y a todo esto el hombre-monja irá sola por esos páramos, sin pan ni socorro. Esta noche cenará una taza de agua de río.

DON CEREZO   ¡Así es la vida! Y Dios, que todo lo da y lo quita, nos ha quitado hasta las ganas de jugar a las prendas…

MAIRENA   Se ha quedado muy antiguo ese juego, para las ansias que tiene el mundo.

DON CEREZO   Otro gallo nos cantara si el oleaje de estas montañas dejara paso a un mecánico que nos reparase la televisión. *(Cada vez con mayor achante.)*[47] En fin, si San Blas no me lo reprochase, me fumaba un poco de su tabaco por matar el tiempo.

Ahora la sombra mayor del alcalde se destaca con amenaza. Lleva un escopeto de dos cañones y, tras de apuntar en redondo, lo levanta y tira una salva al cielo. Con ella el cúmulo pueblerino se ilumina lo suficiente para que veamos sus rostros fijados en el espanto. Desde ahora todo se produce con un talante de siniestra fantasía.

ZEBEDEO   ¡Fuego terreno! ¡Si pudiera apagar el firmamento, empezando por

---

[46] The reference to the flight of Moors and Jews to New York is a typical random and disparate insertion by Nieva intended to force upon the audience a wake-up call from any tendency to assume familiarity with the dramatic proceedings.

[47] Nieva seems to have coined the noun *achante* on the basis of the verb *achantar*, which means to bow one's head, a sign of resignation or aloofness.

ese lucero malicioso! ¿No ha de haber aquí quien tenga redaños para vencer este mal sino?

MAIRENA ¡Virgencita la más morena! ¡Ahora sí que van a llover disgustos!

MARAÚÑA Pues si se abriese la tierra y nos tragase no íbamos a perder nada. ¡Y yo salía de la cárcel por añadidura!

DON CEREZO ¡Jesús, Zebedeo! Harás que se pare el mundo y que todos nos aporreemos con el encontronazo. (*Se escucha una campanada.*) ¿Oyes? Esa campana que toca sola te estará anunciando una peste. (*Los dos alguaciles, hermanados en un abrazo, lanzan un aullido espeluznante.*) En qué punto andará la cosa para que aúllen los alguaciles. Los estás alobando con tu mal ejemplo. ¿Qué vamos a hacer ahora para salir del atolladero?

LA VOZ CANTANTE ¡Ay, padre cura!, cuando las cosas van mal, sólo nos queda un recurso...

DON CEREZO De poco nos va a valer, pero di cuál es.

LA VOZ CANTANTE Pues es un remedio antiguo y tan seguro que unas veces hace efecto y otras no: bailamos «jota de tinieblas».

ZEBEDEO ¡Ajá! Sabía yo que aquí no se ahogaba nadie ni aunque se desbordase toda la sombrada de Egipto. Ese efecto tienen las buenas costumbres. ¡A bailar y a no parar! No hay un desafío mayor ni un desplante más serrano que bailar «jota de tinieblas». Poner betún a lo negro, ésa ha sido la enseñanza de nuestros mayores. ¡Andad, vecinos! ¡A ello! Ya le estáis echando el dedo al bordón de la guitarra.

DON CEREZO ¡Que Dios nos valga! Tiempo hacía que no se bailaba esa jota tan perniciosa. Ya me están dando escalofríos.

ZEBEDEO ¡A bailar! ¡Maldita sea...! O me disparo de nuevo sobre el montón. ¡Arrancaros de una vez!

De lo oscuro emerge el sonido de un cuerno amormado y un compás de bordón.[48] Terroríficos crujidos de rasgadura, sordo pataleo. Es casi total la negrura. Todo se organiza en un desfile de sombras que, juntas, parecen formar un solo cuerpo.

LA VOZ CANTANTE (*Recitado en alto y con desespero.*)
    ¿Dónde está la asadura dura
    que me robaste de la sepultura?

Pausa y redoble.

    Yo me comí la asadura
    que te robé de la sepultura...

Cantando.

    El cuchillo cortapelos

---

[48] *amormado*: refers to a dripping horn, like a runny nose.

se me perdió en el tocino.
A sangre me sabe el vino,
se han apagado los cielos.
    Recitado.
¿Dónde está la asadura dura
que me robaste de la sepultura?
    Pausa y redoble.
Yo sembré con tu asadura
la sierra triste y oscura.[49]

Ahora se escucha un mugido, y el bulto popular se detiene, formando una piña. Vemos sus caras fijadas en el gesto de terror, aunque no cesa el amedrentador rumoreo musical, con notas de urgencia insoportable.

PANZANEGRA   ¡A buena hora llega el toro! ¡Ahí le tenemos sin otro aviso!

Tropezones, gritos y marea de movimientos diversos.

DON CEREZO   ¡El toro! Ya tienes ahí la tragedia, Zebedeo. Bajo este apagaluces, la fiera no sabrá quién es el torero.[50] Así has desatado el castigo de nuestras culpas. Una corrida nocturna que de improviso no sorprende sin un mal cabo de vela.

MAIRENA   ¡El toro! ¡Ay, San Blas, pon tu farolillo en alto y mira lo blancos que estamos!

LA VOZ CANTANTE   ¿El toro, dicen? (*Arrodillándose ante el grupo de acobardados implorantes, iluminados por un fulgor inexplicable.*)
¡Ay, tierra de la muerte!
Aquí quiero verte,
vecino,
devolver la hebra
de la vida. ¡Cierra
tu sino
y vamos
de los gusanos
en pos!
¡Ay, Dios...!

ZEBEDEO   ¡Cobardes! Con el trueno que me queda en la escopeta no le temo yo a unos cuernos.

TENAZO   Pues dale el alto, alcalde bueno. Sobrencima se nos viene como un solo hombre esa mala bestia.

---

[49] In the 1982 stage performance, this song is accompanied by a free-style *jota* involving several actors.
[50] *apagaluces*: invented word, obviously meaning 'blackout'.

Todos unidos, con el alcalde al frente, que apunta a voleo ciego y sin blanco, avanzan y retroceden en la mayor desorientación. Y, de repente, el no previsto disparo hace que todo quede absolutamente a oscuras.

ZEBEDEO ¡Cabrizos![51] ¡Me habéis robado el gatillo y os habéis buscado la perdición! Ya no tenemos defensa. Ahora, de resbalón en resbalón, nos podemos ir a la mierda. ¡Sacad, al menos, la navaja, mantecones! ¡Id apuñalando la noche hasta llegar a vuestras casas!

Bajo el subrayado de un trémolo, se destaca en un rincón el Hombre-Monja con la Melga y la Dalga cobijados bajo su manto.[52] Todos juntos y envueltos en el ancho paño negro pudieran, a distancia y con el socorro de la oscuridad, confundirse con un toro. Caminan con el mayor tiento.

LA MELGA Ay, santa madre barbuda, ¿cómo hacer si nos conocen?

EL HOMBRE-MONJA ¡Chito y más chito! Con el negro de mi manto y con el favor de la noche haremos que esas bestias tan inurbanas no nos descubran ni nos breen. Nos han tomado por un toro. ¡Chito y más chito!

LA MELGA El corazón se me salta.

LA DALGA Calla, hermana, y cuenta el paso, que tú haces de cuartos traseros. No te desmandes, ten fe; este manto virginal nos hará pasar la frontera de todos los peligros.

EL HOMBRE-MONJA Y se han de cumplir todas las profecías contra esa mala patulea, amadas hijas.

LA DALGA Ya quiso Dios que se les averiase el albollón de los festivales y que cayera la noche sobre la torta de Castilla con tal de ayudarnos.

EL HOMBRE-MONJA Somos el último toro. Tras de la revelación y la purga de conciencias, vendrán otras fiestas nuevas más conformes.

LA DALGA Y más finas. La vuelta del rigodón, a lo mejor.

LA MELGA (*Tropezando.*) ¡Ay, Dios! Con mi pie he tocado un bulto que parece cosa muy viva. ¡Estamos perdidas!

Emerge del oscuro Maraúña, al que le trepan las manos por la barba reverenda del Hombre-Monja.

MARAÚÑA ¡Socorro! Soy Maraúña, padre amantísimo. Dame cobijo a mí también. Ayúdame a abandonar el presidio y la torería. En nombre de Santa Verónica con su capote morado te lo pido.

EL HOMBRE-MONJA ¡Hijo! ¿Tú aquí?

MARAÚÑA He podido darme el bote en la confusión. Pero hay un toro verdadero que nos ronda y va a embestirnos en un descuido en cuanto salga la luna de ese nubarrón que la tapa. ¡Deprisa, que yo conozco un agujero

---

[51] An invented euphemism for 'cabrón'.
[52] 'Ricón' in base text corrected to 'rincón'. At this point in the 1982 performance, the sound of a whirlwind takes control of the stage.

entre peñas de la sierra por donde se va a Bruselas!

EL HOMBRE-MONJA No hay que ir tan lejos. Súmate al bulto y vamos a casa de Coronada. No temáis. Todas las palmas del cielo nos van a alfombrar el camino. (*Su facha se va agigantando fulgurante. Su dedo señala la negra altura.*) ¡España me pertenece! ¡Dios y yo sumamos trece![53]

Apagón y torbellino sonoro, que al amansarse hace que la luz se insinúe de nuevo sobre la alcoba de Coronada. Ésta, con un gesto torvo, como única oficiante de un secreto ceremonial insurgente y gustoso, en el que compromete toda su carne de giganta sin novio, alza los brazos en una invocación de los poderes más oscuros.[54]

CORONADA Ignorante Zebedeo, por nuestros padres te juro, y por la leche de cabra que compartimos de chicos en la misma teta peluda, que me vengaré algún día. No sabes de tu hermana Coronada ni la mitad de cuanto ella es en el secreto de su alcoba. Española y bruja nací para no quedarme atrás en las filas del gran baile que se organiza cada noche sin que tú lo sepas en los dominios de mi fantasía. Chico es el agujero de culo prieto, a través del que he visto pasar las tentadoras sombras del mundo, pero aún así las he visto columbrarse entre fogonazos. Y si mucho más ha faltado por ver, todo lo he terminado de adivinar mirando para adentro, en el redondo de mi propio ombligo. ¿Te has creído que soy tonta? De chica, al chuparme el dedo, ya chupaba la mala sangre con burbujas que me subía de los pies, poniendo cara de inocente. Apenas cierro la puerta ya soy la que se da miedo a sí misma... Y la lengua se me escapa y se me vuelve serpentina... Y las palabras me salen como titiriteras desnudas que blasfeman en el columpio... Y la trenza se me deslía, porque la tengo tejida de musarañas vivas que me gritan y me colean... (*Desafiante, lo mismo hacia las alturas que a los abismos, despatarrada y báquica.*) ¡Ojo que miras arriba, ojo que miras abajo, miradme ahora vosotros y ved de lo que es capaz la Coronada cuando empieza el sinfín de cada noche! (*Comienza a desnudarse. Tira de su bata negra y aparece en medias con liguero y bragas de puntillas pobremente perversas; sostén del mismo jaez y, acaso, una corta combinación de un triste y plateado satín. Va luego y descubre un desestilado gramófono y de él toma un disco que eleva con las dos manos y con el mismo talante ceremonial. Abrujada por los instintos encarcelados, Coronada hace de aquel disco un pan viático de todos sus demonios, una especie sacramental y comulgante de*

---

[53] Nieva likely invented this sentence for its rhyme with 'pertenece'. The expression brings to mind the Holy Trinity: if God is one and three at the same time, then Hombre-Monja makes thirteen. Considering her/himself more precious than the Almighty, the male nun accords her/himself a value of ten. In a way, the expression is absurd, yet brilliantly suggestive.

[54] *giganta*: '*gigante*' in TF and CC.

misa nigromántica.) Negra oblea de reflejos, torta que grita, yo te consagro a la picadura y al rasca-rasca, al bulle-bulle de mis tripas. Dame más calor todavía y aviva el sueño furibundo. (*Coloca el disco en su lugar y pone en marcha el aparato.*)[55] ¡Entre Belcebú y Luzbel, elijo a Carlos Gardel...![56] (*Suena lejana una música acordeonística y avinagrada con algún rastro de tango reconocible a través de la expresiva deformación. Coronada avanza cuanto puede y se muestra con desgarro ante su público.*) Aquí quisiera teneros a vosotros, ilustrísimos Alticolocados, ante la mujer verdadera y con luz de lámpara debajo. (*Palmeándose la cadera.*) Mirad el circo de carne donde el león de la mujer se come entero al trapecista. ¿Qué pensabais? Debajo de la Marta cocinera y de la modesta cosida en hilvanes, estaba la que sabe mascar rabo bailando el tango argentino, la que abrirá su ventana al viento que la va a inundar de caprichos. (*Figura que abre una ventana y se deja sensualmente azulear por el rayo.*) ¡Luna que a bañarte corres, hazme Romero de Torres![57] (*Se llega a una mesilla en la que hay un «necessaire» de afeites y lo abre, contemplándose en el espejo que tiene en el revés de su tapa.*) ¡A tocarse al tocador! (*Busca en el interior sus pinturas y se pone cara de ultraje.*) ¡Ah, cómo me tiemblan las manos de churrigusto con estos carbones fríos y estos carmines de escaparate![58] Échale sombra a lo negro, Coronada; sácale vergüenza al labio y salpícate de lunares que te muerdan durante toda la noche. (*Luego descuelga un mantón de Manila muy gayo, con largos flecos, y se lo ciñe al cuerpo como una estampa de la copla.*) ¡Vamos ahora a la función solemne y a la adoración de la Santísima Caraba![59] (*La pobre giganta se dispone, en la intimidad de su cuarto, a dejarse llevar muy lejos por el tren masturbatorio. Se acaricia ondulosamente y se nivela con el padre suelo en los decúbitos dorsales y ventrales de las posesas.*) Deshonestamente envuelta en un mantón de Manila, me entrego al rico frenesí con la velocidad de los Grandes Expresos Europeos. ¡Ay, qué calor! Túnel de fuego me vuelvo y ya corro por mí misma a toda marcha y sin paradas hasta caer en el espejo. (*Le aparece en mano un espejo de mango con el que se va a examinar por*

---

[55] In the 1982 stage performance, the music produced is deliberately cacophonous.
[56] Carlos Gardel (1890–1935) was a French Argentine singer and actor of the 1920s and 1930s who was often called 'the King of Tango' and 'the Songbird of Buenos Aires'.
[57] Intertextual reference to the Spanish painter Julio Romero de Torres (1874–1930), probably because of his display of the aesthetic naturalness of female nudity in such paintings as *Naranjas y limones*, *Ofrenda al arte del toreo*, and *La esclava*, or the wild erotica titled *Cante hondo*. Note that the centrepiece of Coronada's private ceremony is her zeal to celebrate her sexuality without inhibitions.
[58] *churrigusto*: Nieva's invention, most likely derived from *churrigueresco*, something that is excessively ornate or flamboyant, but, in the context of Coronada's 'dirty' show, the reference carries no pejorative meaning but rather a complimentary one.
[59] This saint is clearly invented by Nieva, perhaps because of a combination of the demonic sound and the underlying erotic connotation of the word *caraba*, that is, climax or peak.

detalles bien escogidos.) Espejo que tienes el mundo detrás, háblame, que yo te contesto... Háblame, mi rey sin ley, desvergonzado, dime quién es esa Coronada que se me esconde bajo el sobaco. ¿La conoces? Di quién es. ¿Por qué te callas? (*Pausa.*) Pues si no quieres hablar, pon tu cuchillo en mi lengua y rompe la cera del sello, hazla gotear fundida, no apagues ya ese candelón hasta que venga la mañana. Mosca de la Candelaria soy y mis ojos lo ven todo en lo negro y lo más secreto. (*La remota musiquilla del gramófono finaliza y el silencio sorprende a Coronada con los labios traspasando la fría lumbrada del espejo.*) ¡Qué silencio! ¡Rompe el silencio, mal espejo, o te romperé yo a ti! Te parto, te echo a la calle y te envío a engendrar agua sucia. (*Un golpe seco, ruido de unos goznes, un paso duro e indeciso de pezuñas.*) ¡Eh...! ¿Quién es? ¡Ay, madre mía! ¿Quién llega con esos pasos que retumban? Creía la puerta cerrada. Ahora sí que estoy perdida si de pronto me encuentran así, vestida de Coquito la bella y se me quiere sacar a la vergüenza pública.[60] Antes soy capaz de arrancarme la vida yo misma. (*Hace oído aterrada. Los pasos se interrumpen, se reanudan lentos, cada vez más próximos.*) ¡Dios mío, qué pasos de prendimiento romano son éstos! ¡Entra de una vez, verdugo remolón, entra ya si quieres ver cómo me ahorco con la soga del moño antes que tú me ajusticies...! (*Por la puerta que hay en un extremo entra la cabeza de un toro de una grandeza monumental y con todo el terror de su ojo asiático e inexpresivo.*) ¡Un toro...! ¡Un toro en mi propia casa! Aquí terminó Coronada. ¡Ésta es mi muerte y mi deshonra! Pues si es así, no esperes más. Soy tuya, negro cruel. Cierro los ojos y a ti me entrego.[61] Que se apague para mí la luz del mundo... (*Se tapa los ojos y se hace el oscuro por un instante. De inmediato la luz retorna cuando Coronada vuelve a mirar. Ahora el toro no asoma la cabeza por la puerta, sino que muestra su cuadril y rabo por otra puerta opuesta a la que entró, como si, en tanto, hubiera cruzado de uno al otro extremo.*) ¿A dónde vas, mala bestia? ¿No me buscabas a mí? ¿Que no me quieres tomar? (*Coronada, decidida, ase del rabo colgante y lo tira hacia sí, queriendo arrancar al toro de su inexplicable querencia.*) Te digo que tuya soy y no quiero vivir más, que me des el revolcón sacudido que me envíe a las estrellas. ¿Es un desprecio? ¿Será posible que un toro se niegue a cornear a una fresca? ¿O no me habrá conocido? ¡Soy mala, mala... y soy tuya, miserable! (*Se arranca el toro hacia adentro y su cuadril desaparece.*)

---

[60] Reference to Joaquín Belda Carreras's erotic novel *La Coquito* (1951), which, in 1977, three years after *Coronada* was written, was made into a movie directed by Pedro Masó, with a Spanish and Mexican co-production. Nieva probably intended the intertextual allusion to provoke humour, which indeed caused a big laugh in the audience during the 1982 stage performance.

[61] Moving the audience to loud laughter in the stage production, these lines portray the bull as a beast of virility, hence Coronada's invitation to it to attack as a symbolic gesture of sexual desire (see also 'Analysis of the play' in the Introduction to this edition).

Figure 3. Drawing by Francisco Nieva. Courtesy of Francisco Nieva.

Esto es un misterio sin cifra ni solución. ¿Qué ha ido a hacer este animal en un cuarto oscuro y sin oriente? ¡Ah! ¿sí? Pues ¡ahí te pudras, tolondro! (*Cierra la puerta de un golpe y le da vuelta a la llave que se guarda en el surco del seno.*) Ahora me ayuda la suerte y no te voy a sacar hasta que perezcas. Este toro me lo guardo yo y haré saber a Zebedeo cómo torea la mujer con la pierna quebrada y en casa. (*Aplicando el oído a la cerradura.*) ¡Sopla, sopla, talegones, carga de carne! ¡Ya puedes irte lamiendo hasta la caída del cuerno y la muerte por debilidad!⁶² Pocos van a saber tu paradero. Farolillo, pueblo de mala entraña, así me guardo yo tu fiesta y me vengo de tu alcalde. Sólo me queda cerrar aquella otra puerta y gustar de este secreto a mis anchas. (*Se encierra y toma una silleta que coloca al lado del extraño toril.*) Aquí me quiero dormir a tu lado, negro infame. Te voy a soñar de gusto y me van a saber a gloria tus mil pasos por el oscuro. Ay, Maraúña, pelelín tiznado, reo de la torería, tu buena tía Coronada no habrá dejado esta noche de hacerte un flaco servicio. ¡Mueran de una vez las fiestas del miedo y de la pena carcelera y hágase otra voluntad en España, donde ya no existan más hermanos que tengan su honra entre ceja y ceja y en donde se den por ley toros blancos que coman en la mano de los toreros y no estos malos bichos de carbón con cuerpo de botijo grande! ¡Qué emoción! El corazón se me desmanda y creo que voy a desmayarme. ¡Jesús, qué caída en el vacío y qué mal amortajada voy a quedar con este mantón si muero!⁶³

*Caen sus brazos y quebranta el cuello con el desvanecimiento. El escenario se envioleta al tiempo que se escucha un suave y lejano rumor de cascabeles y guitarras.*⁶⁴ *La puerta por donde el toro entró se abre muy lentamente y le da paso a un Maraúña cauteloso que lleva una vela en la mano. Le siguen la Melga y la Dalga, portadoras de unas andas en las que va arrodillado el Hombre-Monja en actitud orante y con los ojos místicos y vueltos. Sonidos degenerantes y turbios. Posan las andas frente a Coronada. Maraúña cierra la puerta. Se incorpora el Hombre-Monja y los otros procesionantes se arrodillan. Próximos o lejanos, jamás cesan los sonidos que hacen irreal la escena.*

EL HOMBRE-MONJA   Amada hija Coronada, no hay mejor modo ni más atento de escuchar un buen sermón que durmiendo a pierna tendida. Estás soñando, está claro. Y ese toro secuestrado le tienes ahí sumido todavía en una modorra fatal. Tú tómame por quien quieras y piensa que lo mismo puedo ser el santo de los pajares como la santa de los mitones, porque soy entreverado y puro como son en realidad los ángeles que no se sospechan. Y

---

⁶² Punctuation (¡) inserted; inadvertently omitted in all versions of the play. Entire sentence omitted in LB.

⁶³ In the 1982 stage rendition of this speech — one of the longest in Spanish theatre — Esperanza Roy, employing the phonetic and rhythmic techniques of a poetry recital, amplifies the poetic, surrealist undertone of the ceremony.

⁶⁴ *se envioleta*: invented verb, derived from the colour *violeta*.

por eso mismo voy por estas tierras de rigor, sufriendo las demasías de los hombres, que de la alquimia celeste no saben de la misa la media. A España –que es mi país– he vuelto como un simple beatífico y violeta, comiendo de caridad y viviendo como puedo en este yermo de las tormentas y de los vidrios rotos. Lo que soy y lo que sé muy pocos se lo imaginan, pues lo mismo me conozco el lenguaje discreto de las cucarachas como registro en mi memoria prodigiosa todo lo que me cuenta el arroyo haciendo gárgaras. (*Levanta el sayón y enseña un pie calzado con zapato de tacón y raso brillante.*) Como ves, tengo una planta que pisa con andares livianísimos. (*Enseña otro pie caprino y peludo.*) Y otra planta que se hunde en tierra con el inciso de una pezuña. Ya lo he dicho muchas veces: «El que me entienda, que me compre».

LA MELGA, LA DALGA Y MARAÚÑA (*En un rezo musitado.*)
   ¡Santo y Santa,
   Santa y Santo,
   del cielo danos un tanto!

EL HOMBRE-MONJA   Mas aquí vengo, Coronada, a anunciarte que habrás de soportar el martirio por oponerte a este hermano tan negramente desaforado. Su autoridad nos hará reos del mayor de los desacatos y por él conoceremos unas angustias de muerte que van a ser un ejemplo para los tiempos venideros. Así que prepárate y haz acto de contrición.[65] Hija Coronada, tienes que ser buena, renunciar al tango y no dar más en el frenesí de los Grandes Expresos Europeos porque sólo es frivolidad. Corrígete de vanidades y empínate en el sacrificio. Aquí estaremos los cuatro para celebrar contigo una corrida de capilla, tranquila y desarriesgada y como en una tertulia de santísima sobremesa, en la que se celebrará la paz del mundo y la confusión de los malvados. (*Saca de la manga una montera con alas y se la encaja a Maraúña.*) Encasqueta esta montera de bendición y salvavidas, Maraúña, y vamos, que se hace tarde. Vayamos de procesión por los volanderos montes de estas sierras, entremos por los embudos del aire y patinemos en el sueño hasta que la mañana cruda nos eche encima la costalera realidad. (*La bendice.*) *Ego te absolvo*, Coronada, porque eres una infeliz y has crecido más de la cuenta, con cierto desgarbo y extravío.[66] Los tres novios que has tenido te los ha matado el alcalde Zebedeo, que es tan bestial como absoluto, por el aquel, sin ningún fuste, de ser más hombre que nadie. Su castigo ha de tener que luego compartirá con el pendejo pueblo que le sigue. Pague esta tierra cruel sus culpas en la balanza de la precisión celeste y sea ya puesta en la solfa que merece en el compás de las estrellas... (*Sale la procesión por la opuesta puerta y cae una nube de morado muy denso, hasta producir el oscuro.*)

---

[65] *contrición*: my correction. This word appears erroneously as *contriccíon* in PP, LB, TC, and OC; as *constriccíon* in CE; and correctly as *contrición* in TF and CC.

[66] *Ego te absolvo*: I have italicized the Latin phrase here.

SEGUNDA PARTE[67]

Las tapias urinarias del cementerio. Sale la Voz Cantante con un cuerno sonoro que tañe frente al público y dice así:

LA VOZ CANTANTE[68] ¡Bando del alcalde Zebedeo a los cuatro vientos francos y a sus hijos los remolinos![69] Hace ya catorce días que pasaron las fiestas de San Blas y que no se encuentra el toro perdido ni en estos términos ni en los cardinales. El código de la ley impone un castigo de varapalo muy duro a quien se atreva a atentar contra las fiestas ceremoniosas y de costumbre con el ánimo sabotero y ganas de fastidiar la regla derecha del orden. Con éstas se convoca a los vecinos a denunciar cualquier sospecha para lavar esta deshonra del pueblo. Por aquí han pasado gentes de cuidado, con pelaje de guasones y propagandistas del entrevero. Se levanta, pues, la veda persecutoria contra un padre monja abusador y caminante, contra un chalán andaluz que bebe aguardiente con paja y contra el torero Maraúña, condenado a pases forzados, que se escapó de la cárcel con la malsana intención de poner en ridículo a sus carceleros. Quienes señalen su pista y den buena razón del toro serán premiados con muchas creces. Aquí se termina el bando y me voy por no hacer tarde... (*Sale y vuelve a entrar.*) Se anuncia a quienes miran desde la sombra que por allí vienen cinco niños de la escuela, dispuestos a solazar la barriguita en las tapias estercolarias del cementerio. Quien no quiera presenciar este espectáculo ramplón que salga por un espacio y, si le apetece, vuelva después de esta operación tan natural como gorrina... (*Sale por el lado opuesto.*)

EL NIÑO MAGRO A la salida de la escuela y hartos de contarnos los dedos, no hay mejor entretenimiento que arrastrar la entrada en casa haciendo caca en el campo tranquilamente y viendo cómo pasa el viento. Así se olvida lo negra que es la pizarra y el mal sabor de la tiza. ¡Abajo calzones y bragas!

EL NIÑO GORDO Cuando mejor se descubren dos moscas bailando juntas y se ve volar un milano y la forma en que se comen las nubes unas a otras es mientras se está haciendo este recado tan entretenido.

LA NIÑA BLANCA Yo quisiera hacer vainica, mientras tanto, pero me quedo sin manos y me caigo. Y no es decente.

EL NIÑO MAGRO Pero se puede fumar. Y yo me fumo un cigarrillo que me sé muy bien liar y es hecho con estropajo y poleo seco. ¡Está más bueno...! (*Enciende y da chupadas al cigarrillo.*)

EL NIÑO GORDO Es lástima que los chicos no comencemos por ser grandes.

---

[67] In PP, the division is indicated by the word 'Pausa' and in TF no division exists.
[68] In the 1982 performance, the Voz Cantante enters as a town-crier on a bicycle.
[69] In TF and CC, an insertion of the preposition 'de' makes the phrase read 'a sus hijos de los remolinos'.

LA NIÑA PELONA   Y las chicas por ser madres.

EL NIÑO MAGRO   ¡Uy, yo estoy haciendo muy desgraciado a un hormiguero! Con todo lo chico que soy, les he traído el mal año a estas infelices.

LA NIÑA LISIADA   ¿Sí? ¿Y qué hacen las hormigas? ¿Se las oye protestar?

EL NIÑO MAGRO   No saben qué hacer. Se están reuniendo en comisión, a ver si pueden.

EL NIÑO GORDO   Pero no podrán. Eso que les viene encima dirán que es la mala suerte y se irán.

EL NIÑO MAGRO   Pues no se van. Todas se quedan a ver su propio juicio final. Parecen muy interesadas.

LA NIÑA PELONA   A lo mejor le sacan provecho. ¡Como son tan industriosas! Ya tienen más de lo que pedían.

LA NIÑA BLANCA   Estarían tan aburridas de ir y venir a su casa llevando trastos, que ahora se harán razón en el duelo de trabajar un poco menos.

LA NIÑA LISIADA   Como nosotros, que cuando se perdió el toro lo pasábamos escondidos todo el pueblo, contentándonos con el miedo y sin ir a la escuela. ¿Dónde estará esa bestia fiera?

EL NIÑO GORDO   En el horizonte está. Todo lo que no se ve se esconde en el horizonte. Así es la geografía desde los tiempos de Colón.

LA NIÑA BLANCA   ¿Nos verá desde allí el toro? ¿Verá las tapias del cementerio y a nosotros matando el tiempo? Como ahora se presentase podría darnos una cornalada seca que nos enviase a los cinco del otro lado, donde está la muerte sudaria.

LA NIÑA PELONA   No empecéis con los dichos de miedo.

EL NIÑO MAGRO   Yo no tengo miedo. Aunque se dice que en esta hora del acostarse del sol es cuando salen los finados con una campana de humo y un cirio de manteca rancia a mendrugar por los caminos.[70]

LA NIÑA PELONA   ¡Ay, qué susto! Ya se me ha cortado la vena de orín. Yo canto:
> La P que es la pala
> le pega a la O,
> la O que es redonda[71]
> que es panda y es monda,[72]
> que come de fonda,
> pasea en landó,
> se marca la onda,
> juega al dominó...

---

[70] *mendrugar*: a play on words to create an opposite to *madrugar*. Amorós sees the word as a fusion of *mendigar* (to beg) with *mendrugos* (crust of bread) (1986: 141).

[71] Misspelling of 'redonda' as 'redoda' in base text corrected.

[72] 'panda [...] monda': an instance of Nieva's verbal twist to collapse the gap between dichotomies.

> Si un cuarto le pides
> siempre dice: no.

EL NIÑO MAGRO   ¡Vaya un cuento! Son tonterías de silleta y de aro de bordar. Los hombres que mean y cagan en las afueras retirados, siempre cantan un fandanguillo.

EL NIÑO GORDO   Yo sé un cantar picaresco para las niñas meonas, que es éste:
> Mea, Lolita,
> mea musiquita.
> Miedos colados
> son los meados...

LA NIÑA LISIADA   Pues tengo miedo. ¿No oís? Se escuchan unos ruidos de llegada a pasos largos.

Todos hacen escucha. Rumor de pasos sobre una oculta maleza.

EL NIÑO MAGRO   Si nos encuentran a todos pecando en corro le darán parte al maestro. Esto es lo que don Cerezo dice que es ir al sarao.

EL NIÑO GORDO   Pues estamos en el sarao y nos van a encender el pelo.

TODOS (*Se levantan y apelotonan bajo la tapia.*)
> Junto el corrito
> sin dar un grito,
> si no te pillan
> no habrá delito.

Tras la tapia se va levantando ahora con espantosa ligereza de gran muñeco el alcalde Zebedeo ensanchado por la capa y solapando con mucho efecto los rayos del crepúsculo.

ZEBEDEO   Entre los muertos y las muertas de mi familia y mi pueblo, juro vengar esta afrenta en quien recaiga la culpa de haberme birlado un toro que pagué, a duro contante, la cantidad lisa de 1.000. Muertos que pudrís y almas que pedís, escuchadme todos vosotros, aquí enterrados, con vuestros oídos desocupados y vuestro viento telegráfico que llega hasta los inciertos del otro mundo. Si no me sacio en el culpable, haced que me lleven a reventar al hospital obitorio después que me hayan pegado a manos llenas los gusanos de la tisis y del pasmo tetánico. Ya que tan valiente me paseo sobre vuestra pobredumbre, echadme encima la cataplexia y el cicuto escrofuloso, el garrotillo anemial y el sarampión con diabetosis. Que me pongan cien lavativas de magaña pegotosa y sinapismos de puño y letra. Que vea con mis propios ojos los entresijos de mi barriga miseraria y que me salgan judías en el cogote, pelos en la lengua y hojaldre en los párpados. Muera de moribundez antinatural y me entierren medio vivo y sin esperanza. Que no se retire el duelo hasta que no me lean la Biblia, que me salmeen, que me liturgien, que me ortodoxien, que me dé profundis y me kirieleisonen.

Si después de este juramento no me sacio en el culpable, juro lo mismo con tres etcéteras más que iré pensando esta noche por tranquilizarme un poco. Adiós, muertos, adiós, sol. Ya me hundo en el rencor hasta mañana, esperando la rabieta que me va a procurar la aurora si se atreve a levantarse y no se achanta.[73]

El muñecazo se sumerge de nuevo entre los muertos, sus testigos.

LA NIÑA BLANCA   Era el alcalde, que viene a distraerse al cementerio porque está furioso. Maldice como un rey egipcio. Figuraos lo que diría si pudiera hablar por la radio.

EL NIÑO MAGRO   Tiene la rabia por el toro perdido y por la fiesta que no hubo. Por eso no nos ha visto, porque está ciego y se quiere comer el mundo.

EL NIÑO GORDO   ¡Nos hemos librado de buena! Chicos, a tapar la cochambrita y a casa...

LA NIÑA PELONA   Tengo ganas de llorar.

LA NIÑA LISIADA   ¿Por qué?

LA NIÑA PELONA   Porque he perdido mi orina y me siento muy sola.

LA NIÑA BLANCA   Yo comienzo a tener miedo. Se ha hecho tan tarde que parece que ya no soy la misma de esta mañana. ¡Mirad que si llego a casa y no me conocen!

Prendido en el viento, llega de pronto un largo mugido agónico.

EL NIÑO MAGRO   ¿Habéis oído? Me dejo cortar una mano si no es un muerto que se desgañita por querer resucitar y no puede.

De nuevo se apiñonan todos.

LA NIÑA PELONA   Y... ¿si es el toro?

Le sigue otro mugido más prolongado y temeroso. Los cinco gurriatos se alocan y agarran los unos a otros, saliendo luego en desbandada.

TODOS   ¡El toro...! ¡Que viene el toro...!

De inmediato se descorren las tapias del cementerio y bajo los mugidos de expiración se descubre un paisaje somero de tejados con algún reparto de chimeneas. Mairena espía por la boca de una de ellas y tras otra se acurrucan, siguiéndola, los dos alguaciles. Ya es noche cerrada.[74]

MAIRENA   ¡Andad ya, rabizones! No creáis que no me percato que me vais siguiendo. Salid de vuestro escondrijo y venid a tomarme el pulso de una

---

[73] This entire speech, which in the stage performance is rendered in a prayer-like style, is loaded with complex (often invented) medical and religious terminology characterstic of Nieva; a provocative lexical scheme intended to unsettle the audience's sense of familiarity and logic.
[74] At this juncture in the 1982 stage performance, the four young commoners who opened the floor to inaugurate the play return and dance across the stage in *zarzuela* fashion.

vez para llevarme a la cárcel si es eso lo que queréis.

PANZANEGRA   Y a ti, ¿de qué te viene mandado pasearte por los tejados del pueblo en cuanto cierra la noche, mosca sin alas?

MAIRENA   Porque es terreno que nadie pisa y soy gitana libertaria y sin pasaportes. Soy de las que gustan pisar en blanco y vienen por estos desiertos a buscar las uvas del gato y la flor de los relentes fríos.[75] ¿Qué te has creído?

TENAZO   Tú llevas otras ideas bajo la raya del pelo, Mairena. Lo sé tan fijo como me llaman Tenazo. Te hemos visto meter la narigueta por cada una de estas chimeneas. ¿Te alimentas con los humos del frito?

MAIRENA   Me alimento con la sospecha de que por estos merodeos hay un toro que muge cada noche al acordarse de la leche que mamó y de la yerba que le hizo fiera. Y me pongo en quien le tiene entre sus paredes disimulado para burlarse del alcalde, mi buen alma.

PANZANEGRA   Estás tú muy alcaldada.[76] Pues no te fíes...[77] No conoces la saña de Zebedeo.

MAIRENA   No me conservara yo fresca ni luciría este cutis tan raso si no fuera una traidora. Como gitana que soy, me hago cachos por el cariño reñido, la pena negra y la mala justicia. Sin ese gusto no soy nadie.

PANZANEGRA   Entonces ya nos puedes tomar por novios, Mairena. Te vamos a dar la caza y a hacerte mártir.

MAIRENA   Aguardad un poco y poned oído en esta chimenea sin tufo. Por aquí sale el jipío de la bestia y por aquí se le escapa el corazón al pobre. Por aquí se oye predicar una doctrina de amenaza, se oye tocar un gramófono con mucha morma en la bocina y muchas risitas con tonteo.[78] Y se les oye a la Melga y a la Dalga que vienen de visita cada noche. Lo juro por esas estrellas repartidas por el cielo con tan buen gusto como faltas de explicación.

PANZANEGRA   ¡Embaucadora! Tenemos orden del alcalde de apearte a la fuerza de estas soledumbres de tejados y llevarte al banasto por sospechosa.

MAIRENA   ¿Así me trata Zebedeo? ¡Ay, qué injusticia y qué borrón de código!

TENAZO   Ya tienes para cantar carceleras y pasto para tus ansias de suplicio.

MAIRENA   ¿No lo creéis? Este centro, en el que estoy plantada, cae de plomo sobre la casa de Coronada y esa giganta le ha jugado al hermano alcalde una de puño.

---

[75] *uvas del gato*: a plant belonging to the Crassulaceae stonecrop family that grows annually on rooftops (DRAE).

[76] *alcaldada*: invented verb. As a noun, the word means an arbitrary or inconsiderate action that a mayor or anyone takes in abuse of their authority (DRAE). The reference in *Coronada* is meant to be ironic, more to reflect indirectly Zebedeo's abuse of power than to rebuke a subservient gypsy woman.

[77] Omission of accent on 'fíes' in base text corrected.

[78] 'Morma' appears erroneously as 'norma' in TF and CC.

TENAZO A ti te va a matar ese odio tan rechinante que le tienes a la Sápido y a todas las que usan bragas de recambio y de buenas maneras.

MAIRENA ¡Odio, sí! Es un odio con gustazo y con arrobo celestino. Por él vivo y ardo en bolluscas y soy la que soy y me veo reflejada en cada charco y sé de qué mano me cae cada pie.[79] ¡Coronada, zorra de manto, yo seré quien te saque los colores en esa cara de pan sin sal!

PANZANEGRA Vamos por ella, Tenazo, que se escabulle.

MAIRENA ¿No os convencéis? (*Levanta los brazos, invocantes.*)

> Cielo bendito,
> si no me escuchas
> cuando te grito,
> iré al infierno
> con mis acusas en un cuaderno.
> Me doy al diablo
> y a su gobierno.
> Voy de verano,
> dejo el invierno
> y tu Sujeto
> me importa un cuerno.

(*Hace un corte de mangas. Pero en ese mismo instante se escucha el gañido agónico.*) Ahí lo tenéis, hombres de poca fe.

PANZANEGRA Mairena, esa delación te va a valer una covacha con inodoro y jazmines en tiesto cuantos tú quieras. Vayamos con la alarma a Zebedeo y a preparar el entierro en vida y pie de esos ladrones de festejos.[80] No habrá perdón.

MAIRENA ¡Que no lo haya! Y que se prolongue sin fin el duelo. A ver si ya me lo paso de entierro toda la vida, porque a mí la malapena me gusta más que si estuviera por siempre sentada en una mecedora y comiendo yema delante del viento marino. Pues ¡menuda se avecina! ¡Un entierro en vida y pie!

Las chimeneas toman vuelo, el ondeo de los tejados se va retirando a los extremos y transformándose la escena...

TENAZO Vergüenza pública y ejecución capital del Hombre-Monja, de Coronada la señorita y de Maraúña, el huérfano torero.

MAIRENA Con la Melga y con la Dalga de seguidoras. ¡Todos insurgentes!

TENAZO Ahora mismo voy a preparar los tambores y el cuerno asustadizo, las colgaduras negras y el barrido de la plaza. ¡No habrá perdón!

---

[79] *bolluscas*: invented word, perhaps meant to suggest *follisca*, which means row or brawl. In a sense, Mairena recalls Azul, the gypsy violinist and prostitute in *Nosferatu*, a play in which Azul is often found in bitter quarrels with Greta the vegetable seller.

[80] 'el alarma' in all versions of the play. It is unclear whether or not Nieva's use of the masculine definite article is intentional.

MAIRENA ¡Qué noche! Y se pensaba que ya no habría conmemoraciones... Todas las fiestas de guardar se deben sacar en su día o se pudrirían en el alma.

TENAZO Pues que se luzcan. ¡No habrá perdón!

MAIRENA Que no lo haya. Caigan todos en la trampa y ¡viva Judas cagando cuerda![81]

Al retirarse los personajes, se descubre la habitación de Coronada. Allí sentadas en un largo sofá y con aire de plácida tertulia están las tres mujeres aludidas en compañía del Hombre-Monja, en tanto que Maraúña hace una demostración torera de salón para distraerles.[82]

MARÚAÑA En la lidia, lo primero que se hace es catar al toro y saber si tiene poco o mucho vapor y los caballos de fuerza que le piafan en el organismo. (*Ejercita.*) Este pase se llama de «concordia» y ya se cumplía hace tres siglos, cuando todos los toros se le brindaban a un Conde-Duque, nuestro señor de antaño. Hay también la «media concordia», que se puede reducir a un «cuarto» cuando el lidiador está desganado o se reserva para otras hazañas. (*Sigue actuando fogosamente y creciéndose.*) Luego vienen las «sospechosas», las «esquinadas», el «pase de ingratitud» y «el ahí te pudras». Y si el toro sale «canoro» se le tocan los «arpegios» de esta forma... Al final se deja caer la capa y se bebe en un botijo sin doblar las piernas ni mirar para atrás.

EL HOMBRE-MONJA Es todo un arte. Reprobable, pero un arte.

LA MELGA ¡Ay, qué perdición de mundo![83] Ya vemos cuánto es mejor el toreo de salón en plaza pública o con el toro en su toril o en un kiosko bien cerrado y seguro.

CORONADA Tanto es el riesgo en la lidia, que no sé cómo la suerte de matar jamás se intentó el hacer con un hisopo de veneno fulminante en la punta de la espada. Se le haría el ofrecimiento a la fiera y que probase, si era su gusto.

MARAÚÑA Pues se mata de muchos modos, contrariamente, ama Coronada, pero el mejor es acertando, y ahí está su dificultad. (*Toma un estoque y muleta.*) Se le trastea con «alegría», pues el bruto es tan brutísimo que agradece incluso que se le alegre antes de morir.[84] Entonces se le «soba», se le «achucha», se le «candonguea», se le pone «de vuelta y media»; se encomienda uno al santo de su devoción, y tengo para mí que lo mejor es entrarle así, sencillamente, «a la asesina»...

Entra el estoque por una rendija de la puerta, tras la que agoniza el toro y se escucha un leve mugido.

---

[81] 'Todos' omitted in this sentence in TF.
[82] In the 1982 stage performance, the curtain falls and momentarily rises to reveal the presence of Coronada and her accomplices, all comfortably seated. As if in mourning, Coronada is fully draped in black.
[83] Omission of accent on 'qué' in base text corrected.
[84] 'Agradece' misspelt as 'agracede' in base text.

LA DALGA   ¡Jesús, si parece que ha pinchado en lo vivo! Pues no es tan difícil.

CORONADA   Son cada vez más débiles esos mugidos y ya me suenan a más conformes. Quince días de encierro y sin comer, si no es el empajado de algunas sillas. En fin, Maraúña, ven al amparo del brasero y acaba con el chocolate. No sueñes más con el agua de botijo, que las bebidas toreras son puro flato y vanidad.

EL HOMBRE-MONJA   Sí, hijos míos, no hay nada como la mansedumbre, el sosiego, el «aquí me estoy», con los ojos en blanco esperando el castigo inmerecido para dar ejemplo al mundo. Luego será el nadar en un mar de encaje de Bruselas, un caminar entre flecos de seda y un pasarse la eternidad bordando faenas en un bastidor con el aplauso de la grey celeste.

LA MELGA   ¡Qué delicia! No crea, padre materno, que yo me sienta muy reacia ante el martirio que se nos viene encima.

CORONADA   Pues, ¿y yo? Yo me enciendo en unos rubores gustosísimos cuando pienso que por este sacrificio propagandista pudiera entrar en el cuadro colegiado de los mártires. No temo la delación de esa fiera con sus mugidos de última hora ni le temo a la furia de mi hermano. Con su pan se lo coma el guisado que hará con todos nosotros cuando se entere.

LA DALGA   (*Arrebatándose.*)   Tú lo has dicho, maestra. Nuestra muerte será un sacro dos de mayo y hasta un fino desagravio para San Fermín de Navarra. ¿Cómo no va a agradecer ese santo que un torero le salga manso, por fin, y que le manden derechero y maniatado por los ángeles a la Gloria donde él está?

CORONADA   Y tampoco puede negarse que todos los santos hicieran su faena de rodillas... ¿Qué dices a esto, Maraúña?

MARAÚÑA   Digo que a mi pobrecita madre se la brindo, y a todos los lidiadores que bregaron por la Gloria, aunque sin entrar en ella por el callejón bendito del Santoral. Estaban equivocados. Hoy ya serían San Frascuelo, San Bejarano, Santos Machaquito y Pastor...[85]

CORONADA   A todos edificará tu desplante, Maraúña.

MARAÚÑA   Pues se hará lo que se pueda, ama Coronada.

CORONADA   ¡Alegría! Ya te veo sobre una peana con tu montera y con tu cerco de añadido.

LA MELGA   Puede que tengas tantas zapatillas bordadas en la cómoda de una sacristía, como días se traiga el año, sea más o menos bisiesto.

---

[85] Amorós provides a good background on this intertextual insertion by Nieva. Known in the ring as *Frascuelo*, Salvador Sánchez (1842–1898) was a bullfighter from Granada, the rival of Lagartijo. Amorós goes on to say that there were many bullfighters with the surname Bejarano, the most famous of them being Sánchez Bejarano. *Machaquito* was the nickname of Rafael González, a bullfighter from Córdoba, and Vicente Pastor, a native of Madrid, was his rival (1986: 151).

LA DALGA   No pensemos ahora en galardones, sino en apelmazar resignación y fuerzas para soportar las afrentas y los malos tratos de Zebedeo.

EL HOMBRE-MONJA   (*Paladeando.*) Está muy bueno este chocolate, hija Coronada. Parece mentira que una materia tan oscura ilumine el alma con tantos rayos caloríferos. Así es la divina providencia.

CORONADA   Beba, padrematerno,[86] y desquítese ahora de tanta mortificación en el yermo de las Tormentas[87] y de los Vidrios Rotos. Por allí pasé yo en coche un día de excursión y me quedé horrorizada con aquel desmueblamiento de la naturaleza.

LA MELGA   (*Enterneciéndose.*) Tanta botella de naranjada rota y tanto cristal picudo para esos pies... ¡Qué rigor tan grande!

LA DALGA   Y aquel atropello de nubes y de viento, que es un puro vivir a empujones, ¿quién lo resiste?

CORONADA   Y mosquitos de trompetilla volando a la carga y alacranes de moco y baba que te caen encima como escupitajos...

EL HOMBRE-MONJA   España es diferente en todo y ésa es la voluntad de Dios.

El toro golpea la puerta y chivatea agónicamente con insistencia.

LA MELGA   ¡Uy, qué alarma! No parece que la bestia se esté muriendo de consunción. Pone los cabellos de punta.

Todos se levantan con sobresalto y se agrupan ante la puerta.

LA DALGA   Aquí hay misterio. ¿Por qué estuvo callado tanto tiempo y ahora se entrega a esos desahogos?

EL HOMBRE-MONJA   Es el pase a mejor vida que se le hace muy escarpado. También él tendrá su premio.

CORONADA (*Venciéndose sobre el Hombre-Monja.*)   ¡Ay, madre mía de pelo en pecho, qué dudas tengo y qué zozobras! Pues ¿no me da la impresión que se me muere un marido sin socorrerle por levantisco y por mal hombre? ¿No es un pecado?

EL HOMBRE-MONJA   ¡Ni mucho menos! Así pudiera ser en el poliespejo de las cosas divinas que no se saben todavía y, por el santo Entrevero, podría casaros «in articulo mortis» si lo quisieras.

LA DALGA   ¡Cielos, qué libertad tan grande hay en el otro mundo! Y a mí, que ni siquiera me dejaron casar con su mayoral por prejuicios. Cómo se puede vivir en este atraso...

CORONADA   Es tantísima la ignorancia en que a una la tienen... (*Golpes fuertes en otra puerta lejana.*) Pero ya es tarde. ¡Aquí llega el destino sicario!

---

[86] 'Padre materno' in OC, most likely the result of computer autocorrect not approved by Nieva. Cf. the parallel formulation, 'Madrenuestro', spoken by La Melga later on in the play.
[87] My capitalization of the 't' in 'Tormentas'. This initial letter is capitalized in PP and LB and subsequently in TF and CC, even though it is a lowercase 't' in the base text and appears as such in OC.

Figure 4. Esperanza Roy as Coronada in *Coronada y el toro*. María Guerrero Theatre, Madrid, 29 April 1982. Photo by Manuel Sanz Bermejo, courtesy of Centro de Documentación Teatral, Madrid.

A pesar de sus propósitos, todos menos el Hombre-Monja se inmutan y repliegan, suspiran y cruzan las manos.

EL HOMBRE-MONJA   Sí que es tarde. (*Arrodillándose.*) No roguemos ya por nosotros, sino por los arcanos del dolor y el miedo. Que la solución llegue pronto y podamos leer de carrerilla en los misterios del universo, riéndonos de lo sencillos que son.

LA MELGA   ¡Ay, sí, Madrenuestro! ¡Es lo menos que se puede pedir!

CORONADA   (*Secándose las lágrimas con la manga de su bata.*)   ¿Les abro la puerta a esos leones?

EL HOMBRE-MONJA   Arrodíllate, Coronada, y medita. Ya sólo cumple apechugar con el orden del tiempo y sus modos de cuentagotas. Dejemos que se vayan gravando de rencor y que tiren la puerta abajo. (*Ruidos astillados, claro rumor de muchedumbre.*) ¿Escucháis? Ahí les tenemos.

Con resignación iluminada, todos se quedan muy flemáticos. Entra Panzanegra, cortés y con cara de circunstancias.

PANZANEGRA   Muy buenas noches tenga la señora agrupación.

CORONADA   Tú las tengas, Panzanegra.[88]

PANZANEGRA   Con la venia y con el permiso…

Entra de nuevo y sale con una caja de muerto que coloca en un rincón. Es un modo de ataúd para endosar de pie y para que cargue con él hasta el sepulcro la propia víctima resignada.[89] Tras Panzanegra viene Tenazo con igual carga, que deja sobre la primera. Cada uno a su turno, van entrando y saliendo, hasta amontonar los cinco, sin por ello dejar de intervenir con pausas y buenos modos en la conversación.

TENAZO   Buenas noches.

LOS DEMÁS   Santas y buenas.

El tono se vuelve cotidiano y con la sabida pesadumbre de los velatorios terreros.[90]

TENAZO   Pero frías y recias. Está la luna tan creciente que ya resulta malsana. Un tumor le ha salido en un carrillo que a mí me da la mala espina de que va a helar. Pidamos que no se le reviente y nos caiga en la comarca una gota de luna que nos arrase todas las cosechas. Sería un año muy riguroso.

PANZANEGRA   ¡Y quién sabe, si no! A lo mejor esa gota nos pudiera hacer un

---

[88] The direct object pronoun, 'las', appears erroneously as 'la' in PP and, subsequently, as such in TF and CC.

[89] 'Resignada' appears as 'designada' in PP and, subsequently, as such in TF and CC. The sentence is omitted in the libretto.

[90] I have opted for 'sabida' over 'sabia' for semantic reasons, even though the base text and Nieva's subsequent editions feature 'sabia'. The original, PP version, TF, and CC all show 'sabida'. This stage direction is omitted in the libretto.

pantano, como va para diez años que sucedió. ¿Se acuerda, ama Coronada, cómo vinieron a inaugurarlo aquellos de la compañía de Necesidad –Virtud, Sociedad Anónima?

LA MELGA (*Tan serena y circunspecta.*) Pero gracias a la luna tenemos corriente eléctrica. Que si así no hubiera sido, aún estaríamos llevando el candil colgado al dedo de un punto a otro.

TENAZO   Y vuestedes, ¿qué hacen ahí de rodillas todos?

LA DALGA (*Con igual entonación que la Melga.*)   Aquí esperando la muerte y las multas que traiga consigo.

TENAZO   Sí, es un dolor. Pero habrá que tener resignación y aguante.

PANZANEGRA (*Inclinándose hacia Maraúña y con algo de sorna.*)   Muy devotero te encuentro, Maraúña, y muy sumiso en el prendimiento.

MARAÚÑA   La costumbre que a uno le da el haber nacido a las puertas de la cárcel.

PANZANEGRA   Y el haber echado las muelas dentro. No se olvide.

MARAÚÑA   Tú lo has dicho.

PANZANEGRA   Pues ahora viene el serenísimo Zebedeo alcalde a darles a todos el pésame.

CORONADA   Será muy bien recibido. Él es mi hermano de sangre.

TENAZO   Ya se viene haciendo paso entre el pueblo, que se apiña con un respeto que amedrenta a las mismas autoridades. Es una noche muy solemne.

LA VOZ CANTANTE (*Dentro, aunque próxima y tañiendo una campanilla.*)[91]
    Vayan palmas a las almas
    y sudarios
    a los cuerpos tributarios.

PANZANEGRA Y TENAZO (*Aunados y con mucha unción.*)
    Miserere nobis
    velis nolis.

LA VOZ CANTANTE   El astro es un huevo podre
    rodeado
    de un silencio porfiado.

PANZENEGRA Y TENAZO   Miserere nobis
    velis nolis.

LA VOZ CANTANTE   Hago el signo de la cruz
    con la tinta
    que todo dolor precinta.

PANZANEGRA Y TENAZO   Miserere nobis
    velis nolis.

---

[91] *tañiendo*: my insertion of an 'i' to correct erratum ('tañendo") in base text. Cf. note 32, p. 44.

PANZANEGRA   Menos mal que ese vocero cantante que tenemos en el pueblo se sabe muy al dedillo todos los canturrios de usanza… Creí que no iba a entrar a tiempo.

Pasos y rumores.

TENAZO   Aquí llega Zebedeo Máximo. Álcense ustedes, si son servidos, que con la muerte se levanta todo castigo.

ZEBEDEO   ¡Todo sea por Dios, hermanos![92]

TODOS   Y el alcalde lo respalde.

ZEBEDEO   Coronada, en qué ocasión tan triste nos enfrentamos. (*Se abrazan.*)

CORONADA   Sí, Zebedeo, es muy triste el encontrarnos a saltos de minutero y en las puertas de la muerte, pero así lo quiere mi destino.

ZEBEDEO   Como no hubiera sido por menos, aquí me encuentro al beato entreverado y a Maraúña, viejos amigos, con la Melga y con la Dalga. Tengan ánimos y fuerza bruta en el alma para no desfallecer en el trance.

EL HOMBRE-MONJA   Estamos de lo más conforme, hijo.

LA MELGA   Y confesadas con mucho paladeo durante quince días, lo que va a tono con la sentencia.

ZEBEDEO   Mucho me alegro, Maraúña, de que vuelvas al redil y aceptes la soga al cuello con tanta subordinación.

MARAÚÑA   Aquí estoy para servirle y más prisionero que nunca.

CORONADA   Zebedeo, siéntate y dicta sentencia. (*Los dos se sientan, muy hermanados, en el sofá.*) Dios te hizo alcalde por tener un fino detalle contigo y yo con la voluntad de Dios no quiero entrar en discusiones, porque podría descubrirse a la vuelta de cualquier folio, que ello sea un contradiós. Tú ve a lo tuyo y cumple con tu deber hasta que te sacies.

ZEBEDEO   El deber no me lo raciono, bien lo sabes. Tuve que poner una denuncia ante mí mismo, dándome cuenta de este caso y confesándoos culpables.

CORONADA   Muy bien hiciste, Zebedeo. Tú eres el hombre y decides.

ZEBEDEO   Y por seguir fiando de mi gusto también te encargué una mortaja, por si te faltaba ropa adecuada para la ocasión. Y otras, de damas de honor, para la Melga y la Dalga.

LA MELGA   Te agradecemos el detalle, Zebedeo.

ZEBEDEO   Ya las están terminando unas plañicostureras que se han ofrecido muy gustosas.[93]

---

[92] There is an irony in Zebedeo's taking God's name in vain when one considers his cruel character, and this brings to the fore the ambivalence with which the religious theme is dramatized. On the one hand, the play reinforces Catholic observances as a mythical force of unity among the *pueblo* and, on the other, it reveals abusive tendencies and behaviours that betray and threaten the spiritual fibre of that communal bond.

[93] *plañicostureras*: a fusion of *plañir* (grieving) and *costurera* (seamstress).

LA DALGA   Pues si nos entierran vivas no debieran ser estrechas.[94] Yo muy presumida no soy.

ZEBEDEO   Ya habrán pensado en ello las santas mujeres, no paséis cuidado. La sentencia traigo borroneada en este papelillo, pero no hube de chupar mucho el lápiz para escribirla. Y dice así: Mueran todos los que se opongan a los toros de muerte y al comportamiento rasero en Farolillo de San Blas, pueblo serrano de mi digna jurisdicción y sometido por ley de años mil a mi código cerebroso. Quien se pase de la raya será sacrificado en justicia y en un funeral de marca mayor, según la usanza del entierro en vida y pie. (*Levantándose.*) Esto te sucede, Coronada, por haber sacado los dos del plato y haberlos puesto en los cerros de Úbeda, que no son de este partido.[95] ¿Estáis conformes? Pues ahora suelten al toro y veamos si aún le queda algo de tragedia en el cuerpo después del mal tratamiento que ha recibido.

CORONADA (*Alterada.*)   ¿Que vas a soltar a ese bruto? ¿No has de tolerar que sea mío, como ninguno de los que me privaste por capricho? ¡Ay, madre fraile, yo muero antes de llegar a la tumba!

EL HOMBRE-MONJA (*Consolador.*)   Calla, calla, Coronada. No le cuentes al hermano Zebedeo las sutilezas de tu alma o no va a dejarnos morir en paz.

ZEBEDEO   No me queda mayor desahogo que éste, después de cumplir justicia. Que cada uno encuentre su burladero, si puede. Yo quiero toros y los tendré, aun a destiempo y en cámara cerrada.

LA MELGA   Es un malvado. ¡Torear así a un esposo del poliespejo divino *in articulo mortis*!

LA DALGA   Calla, Melga, y no le turbes el furor con más sospechas del Entrevero. Déjale que muera en la ignorancia.

ZEBEDEO   ¡Abrid la puerta, alguaciles! Y tú, Maraúña, ponte delantero y cumple tu deber hasta el final. ¡No salga nadie!

LA MELGA   ¡Pues vaya un trance! Quién sabe si con esos muchísimos días de ayuno se haya redimido de tanta furia. (*Al Hombre-Monja.*) Padre femenino, distribuya su bendición sobre todos y que Dios nos conceda un ahogo sin aprietos.[96]

---

[94] 'Pues' appears as 'por' in the base text and also in OC, but, given the present indicative form of 'enterrar', it is clear that the correct word should be 'pues', since 'por' prompts the use of the subjunctive, 'entierren'.

[95] 'Irse por los cerros de Úbeda' is a popular expression in Spain that means 'to beat around the bush'. 'Partido' seems to be referring in this case to a faction, rather than its possible double meaning of a political party or a territorial unit for the administration of justice ('partido judicial').

[96] In Nieva's theatre dialogue is often wrapped in a complex of contradictory enunciations bordering on what Joseph Bristow, in reference to Oscar Wilde, calls 'wittiest phrases [that] turn conventional wisdom on its head' (1992: 6). In this case, Nieva reverses the popular saying, 'Dios aprieta pero no ahorca' ('It's always darkest before dawn'), meaning that

EL HOMBRE-MONJA (*Bendiciendo.*)   Cualquier designio de la providencia tiene mi firma de acatamiento: lo que no puede evitarse no se debe evitar de ningún modo.

Panzanegra abre la puerta del toril y el cuadro se ensombrece un tanto. Haciendo burladero de la puerta entreabierta, Panzanegra anima al bicho con palmadas sobre la madera.

PANZANEGRA   ¡Eh, toro!

TENAZO (*Que azarda y mete la cabeza por la tiniebla.*)   Qué tufo de oscuridad acumulada. No lo merecía esa fiera. ¡Eh, toro…! Esa forma en tenguerengue ni se cantea.

Un suave mugido.

PANZANEGRA (*Abandonando su reparo.*)   Ya es alma en pena. Sólo muge por costumbre, pero está muerto y acabado.

ZEBEDEO   ¡Fuego terreno! Hacedle salir a empellones. Entra, Tenazo, y dale un buen meneo.

PANZANEGRA   ¡Adentro voy! Pero ya no tiene soplo en ese cuerpo, sino polilla y derrumbe.

Se mete por el toril.

ZEBEDEO   ¡Fuego terreno! ¡Ya no hay toro! ¿Sabíais que esta conspiración os estaba cavando la gusanera?

CORONADA   El heroísmo y el miedo siempre han ido de la mano, Zebedeo.

PANZANEGRA (*Que entra arborando un par de cuernos desgajados.*)   Aquí está la prueba mayor. Se le desprenden las defensas como bellotas en su tiempo.

Vuelve a entrar.

ZEBEDEO   ¡Fuego terreno! No pagáis ni con siete vidas.

PANZANEGRA (*Que vuelve a aparecer con un largo y flaco rabo en la mano.*)   Sólo ha bastado un tirón y aquí presento este rabo sin gracia. (*Se escucha un ruido castañero y sale algún polvo por la puerta.*) ¡Se desmoronó al remate!

ZEBEDEO (*Tomando el apéndice.*)   Siento este rabo en mis manos como si fuera mío de tan arrancado. Mío, de España y de su vergüenza torera. Pero ¡ya estáis sentenciados!

Irrumpe el pueblo, Don Cerezo y la Voz Cantante, paletamente vestido de centurión romano, como filtrándose por las paredes, mientras la escena se transforma en un ámbito vacío. Al tiempo, todo entra en un ritmo bailante y fantasioso, con movimientos masivos y plasmaciones de un acento heroico.

---

what Melga wishes is that God not provide any way out of their predicament. Cf. Tenazo's words, 'Está la luna tan creciente que ya resulta malsana'. Such paradoxical speech patterns particularly recall Reposada's numerous witty interventions in *Las aventuras de Tirante el Blanco* (1978/1986).

Luces de esquina, reverberaciones y, al final, salida de un sol enceguecedor.

CORONADA (*Patética.*)   Ese rabo descuajado me llena el alma de tormento. Por tu culpa, Zebedeo, he sido cruel y vengadora con un inocente tan forzudo.

EL HOMBRE-MONJA   Calma, hija, el poliespejo recoge ese dolor de viudedad tan ideal. No temas ya más por tu alma en este naufragio.

LA MELGA   Y piensa cuánto consuelo es tratar de acomodo con una confesora tan comprensiva. El sueño de toda mujer con penas del corazón.

ZEBEDEO (*Como elevándose en un torbellino que forma el pueblo enmascarado de circunstancias trágicas.*)   ¡Muerte, muerte y penitencia! ¡Que entre el pueblo y salga la casa! ¡Que se aparten los montes y se haga un solar el mundo! ¡A Juicio Final convoco, pues soy alcalde postrimero y supremo mandalcarajo![97] (*Delantero, al público, mientras los reos son amortajados y encapillados en las cajas que han de llevar por su propio pie hasta la tumba.*) Al fin agradezco vuestra llegada y asistencia, gran tribunal de festejos. Me veréis abrir las arcas del pueblo y poner la subvención en un Apocalipsis que sea sonado. ¡Andando...!

Se organiza la procesión plañidera y enfática, cuanto más mejor. A poco se descubre la trampilla que figura el sepulcro.

LA VOZ CANTANTE (*Acompañándose con la campanilla del tránsito...*)
    ¡Din, dan, din, dan!
    El hundimiento
    de todo afán.
    No hay valimiento,
    sólo el aliento
    del huracán.
    ¡Din, dan, din, dan!
    Nubes y vientos
    hacen batán.
    Los aposentos
    de los contentos
    vacíos están.

TODO EL PUEBLO (*Arrodillándose.*)
    ¡Miserere nobis!
    ¡Velis nolis![98]

ZEBEDEO (*Conduciendo a su hermana hasta el borde de la trampilla.*)   Aquí se abre la boca bostezante de vuestra tumba y aquí es la despedida hasta

---

[97] *mandalcarajo*: invented word on the basis of the expression 'mandar al carajo', which means 'to tell someone to piss off or to go to hell'.
[98] At this point in the 1982 performance, the scene is immersed in sounds of bells, sirens, and whirlwind, all designed to intensify the unsettling atmosphere of martyrdom.

más ver en la otra vida. No os quejaréis de la mala compañía ni de la falta de protocolo. Lágrimas como castañas he visto caer a vuestro paso. Don Cerezo, no quiero escatimar gastos superfluos y así le doy ocasión de atabacar a su gusto toda esta pompa de penitencia funeral.[99]

DON CEREZO   Zebedeo, tengo mis dudas de si esto que haces conviene, como tú dices, a la mayor honra de Farolillo.

ZEBEDEO   Usted honore la fatalidad del mundo y no se meta en dibujos que se puede caer en la fosa. (*Volviéndose a Coronada de nuevo.*) Coronada, estás muy guapa y te encuentro muy buen palmito de entierro. Di tus últimas palabras y despídete del duelo, pues ya te ha llegado el momento.

CORONADA   Lo haré. No tengas cuidado. (*Solemne.*) Pueblo congregado, hermano alcalde, don Cerezo, pastor en baldío: yo soy Coronada, heroína, que entra en la tumba por su propio pie, después de haber crecido en cuerpo y desarrollado en pecho por encima del bajo rasero que es el común en esta tierra tan castigada. Soy más mujer que delincuente y, por lo mismo, llevo el corazón lleno de novedades, más que un almacén de capital imperio. Soy española y sencilla, pero incomprendida por el tumulto y malfamada por el populacho fidelón. Por esto vuelvo a la tierra, madre de libres gusanos, desnudos como Adán y Eva, donde todos volveremos a encontrarnos poniendo huevos a granel y alimentándonos de balde en comunidad apelotada de paraíso. Vuestra justicia de enero me ha cogido en pleno celo y me meto por la sombra de esta tumba a ver si me desentraño por vosotros. No penséis que estoy en Babia, sino en el camino de mi salvación y la vuestra. Bendígame, don Cerezo, y póngame el tufo de su tabaquillo para recuerdo de lo que siempre respiré de niña. Ya sale el sol por Antequera tan hermoso y tan impotente, pero también le perdono que ilumine un desaguisado tan grande...[100]

Baja orgullosa y desaparece.

ZEBEDEO   Es una desvergonzada y con una lengua de comedia para dar mayor resultancia a su despedida. Es justo que muera. ¡Vayan bajando los demás!

Entre rezos y murmullos, todos van entrando por turno.

LA DALGA   Pueblo mío, soy la Dalga y como hijadalga voy a la tumba en donde ya crecen mis mayores para darme una familia sin reproche.

Desaparece.

LA MELGA   Soy la hijamelga del pueblo, la sobrehidalga, la que se güelga de no

---

[99] *atabacar*: invented verb, derived from *atabacado*, which means tobacco-coloured or tobacco-flavoured. Nieva uses the infinitive form to mean 'to smoke tobacco'.

[100] 'Sale el sol por Antequera' suggests indifference to outcomes that may arise, but Nieva's way of expressing the idea denaturalizes and complicates it, because, as is typical of him, he states an established fact and then inserts negations that shake any assurances.

volver a miraros más a la cara, patanes.[101]

Baja.

MARAÚÑA   Yo agradezco a la justicia esta honra para mi sangre, pues, como pobre y de humilde cuna, nunca había visto un entierro con tantas luces...

Baja también.

LA VOZ CANTANTE (*Desatándose en campanillazos.*)
Tierra, tierra, tierra, tierra...
al que acierta y al que yerra
en tus profundos encierra.

ZEBEDEO   Ahora le toca al Incomprensible. Vamos a ver por qué petenera nos sale.

DON CEREZO (*Confusísimo.*)   Hijo entrecruzado, aunque en mis brazos te tuviera un día, nunca he entendido ese Evangelio tan gaseoso que vas predicando; pero además, si la autoridad lo condena, yo no tengo otro remedio que dar mi lana sin chistar ni discutir la bufanda que los hombres se harán con ella.

EL HOMBRE-MONJA   Ya lo veo que no hay escape y a las puertas de la muerte me habéis traído sin que ninguno me valiese en esta humana condenación. Ay, miserable pueblo de Farolillo, caimanudo Zebedeo alcalde, don Cerezo, cura de asiento...[102] Y otra y mil veces vosotros, mala pasta serrana y sin levadura: por testaduros y apollinados el alto cielo sin amarras os va a ofrecer el espectáculo remordentero de la resurrección de la carne.[103] Hágase, pues, y ¡aliviemos! Parece que el sol se parte en las treinta monedas de Judas, ya convertidas en astros, si cabe, aún más luminosos. (*Sale, a un gesto del Hombre-Monja, un chorro seminal, de fuego desde el seno de la tumba, mientras se escuchan otros mugidos horrísonos que se van acercando.*) Muy altos y claros poderes me han dado la atribución de mostraros la sola gloria del mundo en los muertos que desperdiciáis. Alzad la vista y miradme. Soy el rescate insensato y glorioso, soy el ardiente entusiasmo de la mezcla y el entrevero, el alegrón de lo imposible y la candonga de los funerales de apagaluz. (*Señalando la tumba, en la que ya ha cesado el chorro fogoso.*) Coronada, giganta hermosa, sal de ese agujero ciego como habrás de

---

[101] *hijadalga, hijamelga, sobrehidalga, se güelga*: yet another indication of Nieva's penchant for wordplay. Since there exists no such verb as *golgar*, it is invented simply to synchronize with the chain of articulations generated by the preceding nouns. *Golgar* is probably his alternative to *holgar*, 'to have fun'.

[102] *caimanudo*: probably a cheat, on the basis of *caimanear*, which means something like 'to swindle or cheat'.

[103] 'Testaduros' in every version of the play except OC and LB, where it is 'testarudos y cobardes'. It is unclear if the OC version was the result of autocorrect or Nieva's decision to restore the original word.

ser por siempre, por los siglos de los siglos, en el baño de luz sin tino que es de veras la Gloria Innominable.

Ahora emerge la gloriosa compañía transfigurada, con pelucas blancas y sumaria vestimenta revisteril, todos muy guapos y alegando sus derechos a participar por una eternidad en el carnaval de Río.

CORONADA   ¿Qué me ocurre, madre cura, que cada paso que doy me produce un estremecimiento cosquillero, como si estuviera ya más que sobrada de novio?

EL HOMBRE-MONJA   Pues que te mueres de gusto sin acabar de morir y ya eres llama que ríe sin encontrar sombra a tu paso. ¡Miradla bien! Y tampoco descuidéis a las dos majas que le siguen, la Melga y la Dalga. Van de toros, a abanicarse con viento de Jericó, a beber refrescos del Jordán y gaseosa de mar de fondo. Y tú, infeliz Maraúña, sal del huevo de la tierra como torero con alas, primo hermano de los ángeles que fueron a dar el soplo de la destrucción divinal. Aquí aparece glorioso y tan marchoso de triunfo y tan ligero de vuelo que ya sólo es vapor de Belmonte y perfume de Machaquito.[104] Aquel mugido que se escucha y os hace agachar de miedo es el Toro de la Nieve, que baja de los puros picos que nadie pisa, ¡Ahí le tenéis! (*Llega el Toro de la Nieve, inmenso, como una carroza compuesta de cendales de una sutileza nebilosa. Va coronado de flores blancas y de sus inmensos cuernos cuelga una guitarra emblemática.*) Andad, venturosa cuadrilla, montad aquel blanco toro de fuerza. Id con Dios y con salero de yodo y viento de mar. Yo os apaciento, yo os sigo; yo, vuestro padre materno que no se puede nombrar, que ni a sí mismo se conoce de tan grande, de tan chico, de tan terso y tan velludo... (*Montan todos en el Toro de la Nieve, y el Hombre-Monja le da un tirón a su barba, que se reparte deshecha por el suelo.*) Ahí se os queda esa reliquia, una de las muchas barbas que uso para despistar. No les sigáis u os fulmino, farolistas, flor de quejido, triste ralea... Apagad esos cirios contra el suelo y llorad a moco y baba por esta dicha que nunca imaginasteis.

Llega de pronto Mairena, desalada, azotando desesperada la tierra con el rabo de toro que ahora fue a parar a sus manos.

MAIRENA   Yo sí, que soy gitana y lo sabía y lo sé y me reconcomía de celos y lo he gritado sola en el monte y lo he vomitado en los prados y lo he cantado por lo bajini a través de todas las cerraduras y nadie me oía y nadie me oye quejarme ni en fandango ni en soleares. ¡Maldita sea mi suerte, que siempre me quedo a las puertas del cielo! Y ahora mismito me ahogo con este rabo de toro, a ver si, entregando el alma, doy el jipío que me valga la resurrección de la carne. ¡Esperadme, venturosos, hermanos blancos! ¡Esa guitarra que le cuelga al toro guapo de los cuernos es para mí y toca sola! ¡Escuchadla y no me dejéis! ¡Zebedeo, alguacilones, a vosotros os dedico este tiento a

---

[104] Born in Triana, Seville, Juan Belmonte (1892–1962) was, alongside Joselito, the greatest bullfighter of his generation. He was said to have changed the style of bullfighting, and by 1919, held the record for the greatest number of bullfights undertaken by any fighter.

ver si ablando vuestro corazón de mugre, cobardones del más allá, sin acá que os dé consuelo ni ganas de matar el gusanillo que a todos nos come por dentro...! (*Enrolla a su garganta el rabo de toro y aprieta con energía suicida, mientras empieza a jipar en flamenco con supremo estilo de muerte.*) ¡Ay, ayyy...![105]

---

[105] In PP, the ending of the play is cut off, beginning from '*flamenco con supremo* [...]' *Coronada* closes with a religious tone, which in the stage performance is made vivid through the liturgical sounds embedded in Mairena's agonic cry, a long 'Amen' of sorts that echoes the Golden Age *auto sacramental*.

BIBLIOGRAPHY

Primary sources

NIEVA, FRANCISCO. 1974. 'Coronada y el toro', *Pipirijaina-textos*, 2: 27–62
—— 1975. *Teatro furioso: Pelo de tormenta, Nosferatu, Coronada y el toro. Teatro de farsa y calamidad: El rayo colgado y peste de loco amor, El paño de injurias, El baile de los ardientes*, ed. by Moisés Pérez Coterillo (Madrid: Akal-Ayuso)
—— 1982. *Coronada y el toro (Rapsodia española en dos partes)* (Libretto)
—— 1985. 'Coronada and the Bull', in *DramaContemporary: Spain. Plays by Antonio Buero Vallejo, José Martín Recuerda, Jaime Salom, Francisco Nieva*, trans. by Emil G. Signes, ed. by Marion Peter Holt (New York: Performing Arts Journal Publications), pp. 191–229
—— 1986. *La carroza de plomo candente. Coronada y el toro*, ed. by Andrés Amorós (Madrid: Espasa Calpe)
—— 1991. *Teatro completo*, 2 vols. (Toledo: Servicio de Publicaciones de la Junta de Comunidades de Castilla-La Mancha)
—— 2002A. *Centón de Teatro 2*, ed. by Juan Francisco Peña (Alcalá de Henares: Servicio de Publicaciones, Universidad de Alcalá)
—— 2002B. *Coronada y el toro* (Madrid: Caos Editorial) (digital publication)
—— 2005. *Coronada a býk: španělská rapsodie*, ed. by Stanislav Škoda (Prague: Transteatral)
—— 2007. *Obra completa*, 2 vols., ed. by Juan Francisco Peña (Madrid: Espasa Calpe)

Secondary sources

1982. 'España, en estado de levitación', rev. *Coronada y el toro* performance, *ABC*, 1 May, n.p.
AGGOR, KOMLA. 2005. 'Francisco Nieva y la homosexualidad', in *Francisco Nieva*, ed. by Jesús María Barrajón (Madrid: Universidad Complutense), pp. 165–80
—— 2006. *Francisco Nieva and Postmodernist Theatre* (Cardiff: University of Wales Press)
—— 2009. *Francisco Nieva y el teatro posmodernista*, trans. by María Roura-Mir (Madrid: Real Escuela Superior de Arte Dramático; Editorial Fundamentos)
ALIAGA, JUAN VICENTE, and JOSÉ MIGUEL G. CORTÉS. (1997). *Identidad y diferencia. Sobre la cultura gay en España* (Barcelona and Madrid: Editorial Gay y Lesbiana)
AMESTOY EGUIGUREN, IGNACIO. 1982. 'Los cuernos de la Luna', rev. *Coronada y el toro* performance, *Diario 16*, 1 May, n.p.
AMORÓS, ANDRÉS. 1986. PREFACE TO *La carroza de plomo candente. Coronada y el toro*, ed. by A. Amorós (Madrid: Espasa Calpe), pp. 9–45
—— 1994. 'El toro entreverado de Coronada', *Ínsula*, 566: 7–8
AVILÉS, JUAN CARLOS. 1982. 'Coronada y el toro, de Francisco Nieva: espectacularidad', rev. *Coronada y el toro* performance, *Guía del Ocio*, 16 May, n.p.

BAKHTIN, MIKHAIL. 1984. *Rabelais and His World*, trans. by Hélène Iswolsky (Bloomington: Indiana University Press)
BARRAJÓN, JESÚS MARÍA. 1987. *La poética de Francisco Nieva* (Ciudad Real: Diputación Provincial de Ciudad Real)
—— 1994. 'Sobre la clasificación del teatro de Francisco Nieva', *Ínsula*, 566: 5–6
BECKER, ANGÉLICA. 1971. 'Sorpresa en el teatro español: un nuevo autor antiguo', *Cuadernos Hispanoamericanos*, 253–54: 260–69
BERGMANN, EMILIE L., and PAUL JULIAN SMITH (eds.). 1995. *¿Entiendes? Queer Readings, Hispanic Writings* (Durham and London: Duke University Press)
BOUSOÑO, CARLOS. 1990. 'Un nuevo dramaturgo en la Academia: Francisco Nieva, el más alto estilo', in *Exposición antológica Francisco Nieva*, ed. by Andrés Peláez and Fernanda Andura, Teatro Albéñiz, March–May, pp. 70–4
BRAVO, JULIO. 1986. 'El dramaturgo Francisco Nieva es, desde ayer, miembro de la Real Academia Española', *ABC*, 18 April, p. 57
BRISTOW, JOSEPH (ed.). 1992. *The Importance of Being Earnest and Related Writings* (London and New York: Routledge)
CARLSON, MARVIN. 1993. *Theories of the Theatre: A Historical and Critical Survey, from the Greeks to the Present* (Ithaca and London: Cornell University Press)
CARO BAROJA, JULIO. 1979. *El carnaval (Análisis histórico-cultural)* (Madrid: Taurus Ediciones)
CIXOUS, HÉLÈNE. 1984. 'Aller à la mer', trans. by Barbara Kerslake, *Modern Drama*, 27, 4: 546–48. (Originally published in *Le Monde*, 28 April, 1977)
COSSÍO, JOSÉ MARÍA DE. 1931. *Los toros en la poesía castellana (estudio y antología)* (Madrid: Compañía Ibero-Americana de Publicaciones)
CRAMSIE, HILDE F. 1984. *Teatro y censura en la España franquista: Sastre, Muñiz y Ruibal* (New York, Berne, and Frankfurt: Peter Lang)
DEL HIERRO, NICOLÁS. 1982. 'Francisco Nieva y su *Coronada y el toro*', rev. *Coronada y el toro* performance, *Lanza*, 9 May, n.p.
DELGADO, MARIA M. 2003. *'Other' Spanish Theatres: Erasure and Inscription on the Twentieth-Century Spanish Stage* (Manchester and New York: Manchester University Press)
—— 2012. 'Directors and the Spanish Stage, 1823–2010', in *A History of Theatre in Spain*, ed. by M. M. Delgado and David T. Gies (Cambridge: Cambridge University Press), pp. 426–52
DIAMOND, ELIN. 1996. 'Brechtian Theory / Feminist Theory: Toward a Gestic Feminist Criticism', in *A Sourcebook of Feminist Theatre and Performance: On Stage and beyond the Stage*, ed. by Carol Martin (London and New York: Routledge), pp. 120–35
DÍEZ-CRESPO, M. 1982. '*Coronada y el toro*, de Nieva', rev. *Coronada y el toro* performance, *El Alcázar*, 5 May, n.p.
DOLAN, JILL. 1991. *The Feminist Spectator as Critic* (Ann Arbor: University of Michigan Press)
DOUGHERTY, DRU and ANDREW A. ANDERSON. 2012. 'Continuity and Innovation in Spanish Theatre, 1900–1936', in *A History of Theatre in Spain*, ed. by Maria M. Delgado and David T. Gies (Cambridge: Cambridge University Press), pp. 282–309
ELLIS, ROBERT RICHMOND. 1997. *The Hispanic Homograph: Gay Self-Representation*

in Contemporary Spanish Autobiography (Urbana and Chicago: University of Illinois Press)
ESPERT, NÚRIA. 2012. 'This Evolution Is Still Ongoing' (interview), in *A History of Theatre in Spain*, ed. by Maria M. Delgado and David T. Gies (Cambridge: Cambridge University Press), pp. 453–65
ESPÍN TEMPLADO, MARÍA PILAR. 1997. 'Género chico', in *Diccionario de literatura popular española*, ed. by Joaquín Álvarez Barrientos, María José Rodríguez Sánchez de León, and Ricardo Fuente (Madrid: Ediciones Colegio de España)
FALSKA, MARIA. 2014. 'Transgresión en el "Teatro Furioso" de Francisco Nieva', *Roczniki Humanistyczne*, LXII, 5: 191–201
FELDMAN, SHARON G. and ANXO ABUÍN GONZÁLEZ. 2012. 'Nationalism, Identity and the Theatre acrosss the Spanish State in the Democratic Era, 1975–2010', in *A History of Theatre in Spain*, ed. by Maria M. Delgado and David T. Gies (Cambridge: Cambridge University Press), pp. 391–425
FERRER VALERO, SANDRA. 2017. *Breve historia de la mujer* (Madrid: Ediciones Nowtilus)
FERRERAS, JUAN IGNACIO. 1988. *El teatro en el siglo XX (desde 1939)* (Madrid: Taurus)
FOSTER, DAVID WILLIAM and ROBERTO REIS (eds.). 1996. *Bodies and Biases: Sexualities in Hispanic Cultures and Literature* (Minneapolis and London: University of Minnesota Press)
GAFO, JAVIER, (ed.). 1997. *La homosexualidad: un debate abierto*, 2nd edn. (Bilbao: Editorial Desclée de Brouwer)
GALÁN, EDUARDO. 1989. 'Francisco Nieva, un disidente teatral vigente en la escenografía española, entre la pantomima y el texto', rev. *Corazón de arpía* performance, *Ya*, 3 February, p. 36.
GARCÍA PAVÓN, FRANCISCO. 1982. 'Coronada y el toro. Una rapsodia española', rev. *Coronada y el toro* performance, *Ya*, 1 May, n.p.
GARCÍA RUIZ, VÍCTOR. 1999. *Continuidad y ruptura en el teatro español de la posguerra* (Pamplona: EUNSA)
GARCÍA TEMPLADO, JOSÉ. 1992. *El teatro español actual* (Madrid: Anaya)
GAYANO LLUCH, RAFAEL. 1942. *Aucología valenciana: estudio folklórico* (Valencia: Hijo de F. Vives Moras)
GENET, JEAN. 1972. *Reflections on the Theatre and Other Writings*, trans. by Richard Seaver (London: Faber and Faber)
GILMORE, DAVID D. 1998. *Carnival and Culture: Sex, Symbol, and Status in Spain* (New Haven and London: Yale University Press)
GLOVER, J. GARRETT. 1983. *The Cubist Theatre* (Ann Arbor: UMI Research Press)
GONZÁLEZ, ANTONIO. 1980. INTRODUCTION TO *Malditas sean Coronada y sus hijas. Delirio del amor hostil*, ed. by A. González (Madrid: Ediciones Cátedra), pp. 9–44
GÓRNA-URBANSKA, KATARZYNA. 1987. 'Viaje al teatro de Francisco Nieva', *Cuadernos El Público*, 21: 21–61. (Originally written as Part 2 of BA thesis, University of Warsaw, 1984)
GORTARI, CARLOS. 1975. 'Malditamente consagrado: Francisco Nieva', *Reseña de literatura, arte y espectáculos*, 12: 14–16
GUASCH ANDREU, ÓSCAR. 1991. *La sociedad rosa* (Barcelona: Editorial Anagrama)
HARO TECGLÉN, EDUARDO. 1982. 'El sueño del teatro total', rev. *Coronada y el toro* performance, *El País*, 1 May, n.p.

HASSAN, IHAB. 1980. 'The Question of Postmodernism', in *Romanticism, Modernism, Postmodernism*, ed. by Harry R. Garvin (Lewisburg: Bucknell University Press, London and Toronto: Associated University Presses), pp. 117–26
KASTEN, CAREY. 2012. *The Cultural Politics of Twentieth-Century Spanish Theater: Representing the Auto Sacramental* (Lewisburg: Bucknell University Press)
LLAMAS, RICARDO. 1998. *Teoría torcida: prejuicios y discursos en torno a 'la homosexualidad'* (Mexico and Spain: Siglo Veintiuno Editores)
LONDON, JOHN. 1997. *Reception and Renewal in Modern Spanish Theatre: 1939–1963* (London: Modern Humanities Research Association)
—— 2012. 'Theatre under Franco (1939–1975)', in *A History of Theatre in Spain*, ed. by Maria M. Delgado and David T. Gies (Cambridge: Cambridge University Press), pp. 341–71
MALONE, GUSTAV. 1998. *Homosexualidad: gays y lesbianas, una alternativa sin tabúes* (Barcelona: FAPA Ediciones)
MARTIN, WALLACE. 1980. 'Postmodernism: Ultima Thule or Seim Anew?', in *Romanticism, Modernism, Postmodernism*, ed. by Harry R. Garvin (Lewisburg: Bucknell University Press. London and Toronto: Associated University Presses), pp. 142–54
MARTÍNEZ VELASCO, JULIO. 1982A. 'Con Francisco Nieva', rev. *Coronada y el toro* performance, *ABC*, 8 July, n.p.
—— 1982B. 'Coronada y el toro', rev. *Coronada y el toro* performance, *ABC*, 6 July, n.p.
MCCARTHY, JIM. 2012. 'Theatrical Activities during the Spanish Civil War, 1936–1939', in *A History of Theatre in Spain*, ed. by Maria M. Delgado and David T. Gies (Cambridge: Cambridge University Press), pp. 310–22
MIRA, ALBERTO. 1994. *¿Alguien se atreve a decir su nombre?: enunciación homosexual y la estructura del armario en el texto dramático* (Valencia: Universitat de València)
—— 2000. 'Laws of Silence: Homosexual Identity and Visibility in Contemporary Spanish Culture', in *Contemporary Spanish Cultural Studies*, ed. by Barry Jordan and Rikki Morgan-Tamosunas (London: Arnold. New York: Oxford University Press), pp. 241–50
MOLLOY, SYLVIA, and ROBERT MCKEE IRWIN (eds.). 1998. *Hispanisms and Homosexualities* (Durham and London: Duke University Press)
MONTERO, ROSA. 1995. 'The Silent Revolution: The Social and Cultural Advances of Women in Democratic Spain', in *Spanish Cultural Studies: An Introduction. The Struggle for Modernity*, ed. by Helen Graham and Jo Labanyi (Oxford: Oxford University Press), pp. 381–85
NIETO, JOSÉ ANTONIO (ed.). 1998. *Transexualidad, transgenerismo y cultura: antropología, identidad y género* (Madrid: TALASA Ediciones)
NIEVA, FRANCISCO. 1971. 'La magia anecdótica y el realism psíquico', *Primer Acto*, 132: 65
—— 1973A. 'Auto-biobibliografía', *Primer Acto*, 153: 21
—— 1973B. 'Confesiones en voz alta', interview by Moisés Pérez Coterillo and Santiago de Las Heras, *Primer Acto*, 153: 22–25
—— 1976A. 'Pequeña teoría sobre un teatro histórico-didáctico', in *Sombra y quimera de Larra (Presentación alucinada de 'No más mostrador')* (Madrid: Editorial Fundamentos), pp. 5–28

—— 1976B. *El teatro español en el banquillo*, ed. and interview by Miguel A. Medina Vicario (Valencia: Fernando Torres Editor), pp. 57–64

—— 1978. 'Francisco Nieva y el lenguaje teatral', interview by Blanca Berasategui, *ABC*, 22 January, p. 28

—— 1980. 'Breve poética teatral', in *Malditas sean Coronada y sus hijas. Delirio del amor hostil*, ed. by Antonio González (Madrid: Ediciones Cátedra), pp. 98–117

—— 1987. 'Con Francisco Nieva: el amor y la gloria', interview by José Luis Vicente Mosquete, *Cuadernos El Público*, February, pp. 5–19

—— 1988A. 'Doña Muerte', in *En tela de juicio: la literatura y la vida, la moda y el teatro* (Madrid: Arnao Ediciones), pp. 65–69

—— 1988B. 'La mujer maldita', in *En tela de juicio: la literatura y la vida, la moda y el teatro* (Madrid: Arnao Ediciones), pp. 257–61

—— 1990. '*El baile de los ardientes*', *Primer Acto*, 232: 42–43

—— 1996A. 'El auroral teatro de Lorca', in *El reino de nadie*, by F. Nieva (Madrid: Espasa Calpe), pp. 124–31. (Originally published in *El País*, 19 August, 1986)

—— 1996B. 'José Luis Alonso, el director que sabía demasiado', in *El reino de nadie*, by F. Nieva (Madrid: Espasa Calpe), pp. 146–50. (Originally published in *ABC*, 9 October, 1990)

—— 1996C. 'El teatro libertino', in *El reino de nadie*, by F. Nieva (Madrid: Espasa Calpe), pp. 30–4. (Originally published in *ABC*, 21 February, 1988)

—— 1996D. 'Un teatro sin escritores', in *El reino de* nadie, by F. Nieva (Madrid: Espasa Calpe), pp. 58–61. (Originally published in *ABC*, 23 January,1994)

—— 2002C. *Las cosas como fueron. Memorias* (Madrid: Espasa Calpe)

—— 2013. 'Sólo nos preocupamos del populismo intelectual', interview by Gema Pajares, *La Razón*, Madrid, 14 April, n.p.

O'LEARY, CATHERINE, DIEGO SANTOS SÁNCHEZ, and MICHAEL THOMPSON (eds). 2016. *Global Insights on Theatre Censorship* (New York: Routledge)

OLIVA, CÉSAR. 2004. *La última escena (teatro español de 1975 a nuestros días)* (Madrid: Cátedra)

ORY, CARLOS EDMUNDO DE. 1970. *Poesía, 1945–1969*, ed. by Félix Grande (Barcelona: EDHASA)

PEÑA, JUAN FRANCISCO. 2016. *Francisco Nieva: un teatro en libertad* (Madrid: Ediciones Antígona)

PIGA, DOMINGO. 1979. 'Problemas del teatro popular', in *Teatro popular y cambio social en América latina: panorama de una experiencia*, ed. by Sonia Gutiérrez (San José: Editorial Universitaria Centroamericana), pp. 66–75

PODOL, PETER L. 1995. 'The Influence of Feminism on the Treatment of Sexual Transgression and the Double Standard in Contemporary Spanish Theater', *Hispanófila*, 114: 9–16

PONT, JAUME. 1987. *El postismo: un movimiento estético-literario de vanguardia* (Barcelona: Edicions del Mall)

QUIRÓS ALPERA, GABRIEL. 2013. *José Luis Alonso: historia de la dirección escénica en España* (Madrid: Editorial Fundamentos)

REINHARDT, NANCY S. 1983. 'New Directions for Feminist Criticism in Theatre and the Related Arts', in *Feminist Perspective in the Academy: The Difference It Makes*, ed. by Elizabeth Langland and Walter Gove (Chicago and London: University of Chicago Press), pp. 25–51

Rico, Eduardo G. 1982. 'Coronada y el toro (La imaginación de Francisco Nieva)', rev. Coronada y el toro performance, Pueblo, 4 May, n.p.

Rubio, Fanny. 1976. Revistas poéticas españolas, 1939–1975 (Madrid: Ediciones Turner)

Ruiz Ramón, Francisco. 1995. Historia del teatro español: Siglo XX, 10th edn. (Madrid: Ediciones Cátedra)

Smith, Paul Julian. 1992. Laws of Desire: Questions of Homosexuality in Spanish Writing and Film, 1960–1990 (Oxford: Oxford University Press, New York: Clarendon Press)

—— 1996. Vision Machines: Cinema, Literature and Sexuality in Spain and Cuba, 1983–93 (London and New York: Verso)

Sotello, Fausto. 1982. 'Coronada y el toro', rev. Coronada y el toro performance, Hoja del lunes, 5 July, n.p.

Stanton, Edward F. 1999. Handbook of Spanish Popular Culture (Westport and London: Greenwood Press)

Thompson, Michael. 2012a. 'The Effect of Censorship on the Construction of Character in Spanish Theater during the Franco Dictatorship', Estreno: cuadernos de teatro español contemporáneo, 2: 70–86

—— 2012b. 'The Order of the Visible and the Sayable: Theatre Censorship in Twentieth-Century Spain', Hispanic Research Journal, 13, 2: 93–110

—— 2018. '"La totalidad de la obra se representará en perfecto castellano": Censorship of Theatre in Catalonia after the Civil War', in Catalan Culture: Experimentation, Creative Imagination and the Relationship with Spain', ed. by Lloyd Hughes Davies, David Gareth Walters, and John B. Hall (Cardiff: University of Wales Press), pp. 35–59

Umbral, Francisco. 1989. 'Paco Nieva', Diario 16, Madrid, 10 February, p. 4

Van der Naald, Anje C. 1981. Nuevas tendencias en el teatro español: Matilla, Nieva, Ruibal (Miami: Ediciones Universal)

Vilches de Frutos, María Francisca. 1999. 'La generación simbolista en el teatro español contemporáneo', in Entre actos: diálogos sobre teatro español entre siglos, ed. by Martha T. Halsey and Phyllis Zatlin (University Park, Pennsylvania: Estreno), pp. 127–36

Weeks, Jeffrey. 1986. Sexuality (Chichester: Ellis Horwood, London and New York: Tavistock Publications)

Zatlin, Phyllis. 1996. 'Atacando al patriarcado: los ejemplos de Gala y Nieva', Boletín de la Fundación Federico García Lorca 19, 20: 301–16

—— 1999. 'Theater and Culture, 1936–1996', in The Cambridge Companion to Modern Spanish Culture, ed. by David T. Gies (Cambridge: Cambridge University Press), pp. 222–36

www.ingramcontent.com/pod-product-compliance
Lightning Source LLC
Chambersburg PA
CBHW071513150426
43191CB00009B/1512